19,80

Matthew Barnett

Gemeinde – durchgehend geöffnet!

Matthew Barnett

Gemeinde – durchgehend geöffnet!

Projektion J

Titel der Originalausgabe:
The Church that never sleeps

1. Ausgabe 2001

ISBN 3-89490-384-8

Übersetzung: Jens Uhder
Umschlaggestaltung: Hanni Plato
Umschlagfoto: ZEFA
Satz: Nicole Schol, Projektion J Verlag
Druck und Verarbeitung: Ebner Ulm

Inhalt

Vorwort

Wann immer ich die ersten Kapitel der Apostelgeschichte lese, verblüfft mich der außergewöhnliche Lebensstil der Gemeinde in Jerusalem. Diese frühen Christen wurden durch eine intensive Liebe zu Christus angetrieben, die ihren Ausdruck in unglaublichen Formen selbstloser Hingabe fand. Die Freude daran, verletzte Menschen zu segnen, überwand selbst heftige Verfolgung, und das Evangelium breitete sich explosionsartig aus, bis die ganze römische Welt davon durchdrungen war. Eine Gemeinde wurde so zum Saatkorn, das Millionen von Menschen veränderte.

Auf allen meinen Reisen ist mir noch kein Ort und keine Gemeinschaft begegnet, die mich so sehr an die Gemeinde in Jerusalem erinnert hätte, wie das *Dream Center*, die *Los Angeles International Church*. Die Liebe Jesu bringt Veränderung in das Leben zahlloser verwundeter Menschen, wobei die Personen, denen diese Gemeinde mit viel Liebe dient, wohl zu den hoffnungslosesten und zerbrochensten gehören dürften, die man in unserer Gesellschaft findet.

Durch Pastor Matthew Barnett und eine beständige Quelle der Liebe setzte Gott eine wahre Erweckung in Gang. Prostituierte, Drogensüchtige, Bandenmitglieder, Gestrandete aller Art werden geheilt und verändert. Tausende von kleinen Kindern werden angerührt und bekommen die Hoffnung, die sie brauchen, um sich über den Horizont der Hoffnungslosigkeit hinaus zu erheben.

Das *Dream Center* ist ein Ort, der es Menschen ermöglicht, sich aus dem Abgrund zu strahlenden Höhen emporzuschwingen. Es wird von einer Vision getragen, die das Beste im Volk Gottes hervorbringen kann und die Tag für Tag den Beweis erbringt, dass die Gnade Gottes alle noch so verheerenden Auswirkungen von Sünde überwindet.

Dieses Buch wird Ihr Leben verändern. Sie werden etwas von der Freude und Leidenschaft verspüren, die die frühen Christen bis an die Enden der Erde geführt hat, um Menschen für den Glauben zu gewinnen. Sie werden beginnen, die Ausgestoßenen der Gesellschaft in einem anderen Licht zu sehen. Sie werden anfangen, in Ihrem Herzen Liebe für die am wenigsten liebenswerten Menschen in Ihrem Umfeld zu entdecken.

Hier liegt das Wunder des *Dream Center*, einer Gemeinde, die so von der Liebe Gottes durchdrungen ist, dass sie ihre Pforten Tag und Nacht geöffnet hat. Es ist ein lebendes Beispiel dessen, was im Johannes-Evangelium, Kapitel 3, Vers 16, bezeugt wird: „Denn Gott hat die Welt so sehr geliebt, dass er seinen einzigen Sohn hingab, damit jeder, der an ihn glaubt, nicht zugrunde geht, sondern das ewige Leben hat."

Pastor Willie George
Church on the Move
Tulsa, Oklahoma

Einleitung

Es war ein herrlicher Tag. Ein 20 Jahre alter Evangelist fuhr durch die Straßen von Los Angeles. Während er am historischen Angelus-Tempel vorbeifuhr und den Echo-Park passierte, schenkte ihm Gott die Vision, dass er eines Tages Pastor einer Gemeinde in Los Angeles sein würde. Das Ganze geschah vor 60 Jahren und der Name des Evangelisten war Tommy Barnett.

30 Jahre später legte Gott dieselbe Vision auch in mein Herz. Es war ein heißer Sommerabend in Phoenix (Arizona). Ich war draußen und döste auf der Haube meines Wagens. Gott zeigte mir eine Landkarte der Vereinigten Staaten, auf der Los Angeles besonders hervorstach. Von diesem Tag an wusste ich, dass ich nach Los Angeles gehen und dort eine Gemeinde gründen würde. Ich hatte keine Ahnung, wie das Ganze vonstatten gehen sollte, aber mir war klar, dass ich eines Tages nach Los Angeles gehen würde.

Fünf Jahre später wurde meine Vision Wirklichkeit. Auf Drängen der *Assemblies of God* fuhren mein Vater und ich nach Los Angeles. Mein Vater konnte eigentlich keine neue Beschäftigung gebrauchen. Er war bereits Pastor einer Gemeinde mit 14 000 Mitgliedern.

Doch mein Vater ist ein Mensch, der Herausforderungen liebt. Ich war nie die erste Wahl für den Posten als Pastor in Los Angeles. Mein Vater hatte eine ganze Reihe von Leuten im Sinn, aber niemand wollte die Stelle antreten. Als er schließlich mich fragte, traute ich meinen Ohren nicht. Ich hatte noch nie zuvor als Pastor gearbeitet. Aber die Vision, die Gott mir geschenkt hatte, ging mir nicht aus dem Sinn.

So ging ich nach Los Angeles. Aber Gott hatte mir noch einen anderen Traum ins Herz gelegt: eine Kirche, die 24 Stunden am Tag geöffnet ist. Dieser Traum wurde später auch zur treibenden Kraft für den Erfolg des *Dream Center.* Träume lassen uns über uns selbst hinauswachsen.

> Träume lassen uns über uns selbst hinauswachsen.

Ich fragte meinen Vater immer, warum Kaufhäuser, Supermärkte und Krankenhäuser rund um die Uhr geöffnet sind, Kirchen dagegen nur am Sonntag für ein paar Stunden. Was nun, wenn jemand mitten in der Nacht Hilfe braucht? Oder was ist, wenn jemand keinen Ort hat, an den er gehen kann, wenn er keinen Platz zum Schlafen findet oder wenn er nichts zu essen hat?

Ich erkannte, dass auch Kirchen rund um die Uhr geöffnet sein sollten. Aber wie sollte so etwas realisiert werden? Wer wäre in der Lage, immer dort zu sein? Wo bekämen wir das Essen her, um die Hungrigen zu speisen? Wer würde genug Kleidung zur Verfügung stellen, um all die Bedürftigen zu versorgen?

Die Arbeit in Los Angeles begann im alten *Bethel Temple*, der ersten *Assembly of God*-Gemeinde, die aus der *Asuza Street*-Erweckung zu Beginn des 20. Jahrhunderts entstanden war. Diese Gemeinde war einst Mittelpunkt einer landesweiten Erweckungsbewegung gewesen, doch im Laufe der Zeit hatten Armut und Verelendung die Straßen der Innenstadt heimgesucht und ihren Tribut gefordert. Die Gemeinde konnte sich den veränderten Bedingungen nicht anpassen und büßte ihre einstmals führende Rolle ein.

Gleich von Anfang an führten wir Straßeneinsätze

durch. Es war schon immer Teil der Lebensphilosophie meines Vater und mir, die Nöte der Menschen zu erkennen und ihnen zu begegnen. Wir machten uns daran, Hungrige zu speisen, Kleidung zu verteilen, Niedergeschlagene zu trösten, und begannen auf diese Weise, etwas zu verändern. Wir stellten schon bald fest, dass die Räumlichkeiten des *Bethel Temple* nicht ausreichten, um all die Leute zu fassen, die bei uns ein- und ausgingen, und um den vielfältigen Anforderungen einer Kirche gerecht zu werden, die rund um die Uhr geöffnet ist und die es sich zum Ziel gesetzt hat, zu jeder Tages- und Nachtzeit für die Bedürfnisse der Menschen in ihrer Nachbarschaft da zu sein.

Eines Tages erfuhr ich, dass die Katholische Kirche das ehemalige *Queen of Angels*-Krankenhaus zum Verkauf anbot. In früherer Zeit war es eines der größten Krankenhäuser der Stadt gewesen, doch schon vor Jahren hatte man knapp zwei Kilometer entfernt einen neuen Gebäudekomplex bezogen.

Ich zeigte meinem Vater die Räume und erinnerte ihn an meinen Traum von einer Kirche, die Tag und Nacht geöffnet ist. Das alte Krankenhaus befand sich jedoch in einem desolaten Zustand. Es war viel Arbeit notwendig, um das Gebäude auch nur teilweise nutzbar zu machen. Einige Bereiche standen knietief unter Wasser. Überall waren Fenster eingeschlagen, Wände waren verschmiert und alles war voller Müll. Es bedurfte eines Wunders, um das baufällige Gebäude wieder herzurichten.

Mein Vater stimmte zu und wollte versuchen, mit mir zusammen Gelder für den 40 000 Quadratmeter großen Komplex aufzutreiben. Auf unsere erste Anfrage hin nannte man uns einen Kaufpreis von 16 Millionen Dollar. Durch ein Wunder bekamen wir das ganze Anwesen für nur 3,9 Millionen Dollar und brauchten bei Vertragsabschluss sogar nur eine Anzahlung von 500 000 Dollar zu leisten.

Viele Gemeinden und zahllose Einzelpersonen im ganzen Land und aus aller Welt ermöglichten das Wunder, dass wir das Gebäude heute komplett abgezahlt haben und dabei sind, eine umfassende Renovierung vorzunehmen.

Die ersten Monate verbrachten wir damit zu, die Räume zu reinigen. Bis heute sind wir dabei, Etage für Etage des fünfzehnstöckigen Gebäudes zu sanieren, um diese nach und nach für unsere Hilfsdienste in Betrieb zu nehmen. Wir haben ein Team von Leuten mit dieser gewaltigen Aufgabe betraut. Viele sind vollzeitliche freiwillige Helfer, die auf dem Campus leben und arbeiten und die ein Jahr ihres Lebens der Arbeit für Gott widmen. Andere sind ehemalige Abhängige in Rehabilitation, die wir im Rahmen dieser Arbeitseinsätze darauf vorbereiten, wieder ihren Platz in der Gesellschaft einzunehmen.

Zur *Los Angeles International Church*, auch als *Dream Center* bekannt, gehören heute mehrere hundert Mitarbeiter. Wir haben etwa 200 Dienstzweige, mit denen wir den Notleidenden in unserer Nachbarschaft dienen, und Menschen aus aller Welt kommen als freiwillige Helfer zu uns.

Mein Traum ist in der Tat Wirklichkeit geworden, das *Dream Center* ist immer geöffnet – rund um die Uhr, 365 Tage im Jahr. Mitarbeiter und freiwillige Helfer versorgen Menschen mit Nahrung und Kleidung und bieten ihnen Jüngerschaftstraining. Sie gehen jeden Tag hinaus in die gefährlichen Straßen von Los Angeles, um die Botschaft

> Unsere Mitarbeiter gehen jeden Tag hinaus in die
> gefährlichen Straßen von Los Angeles,
> um die Botschaft von der Hoffnung und Liebe Jesu
> hinauszutragen und den Nöten der Menschen zu dienen.

von der Hoffnung und Liebe Jesu hinauszutragen. Die Liste unserer Dienstzweige ist unendlich:

- Wir bieten jede Woche mehr als 40 Gottesdienste mit zehn fremdsprachlichen Gemeinden, die in ihren jeweiligen Sprachen Gottesdienst feiern.
- Woche für Woche geben wir mit unserem Lastwagen mehr als 10 000 Mahlzeiten aus.
- Jeden Monat werden von unserem Bekleidungsladen kostenlos mehr als 1 000 Kleidungsstücke an Bedürftige verteilt.
- Über 100 Männer und Frauen wohnen während ihrer Reha von Drogen- und Alkoholsucht in unserem Jüngerschaftshaus und lernen, Gott zu dienen.
- Das *Teen Reach*-Jugendheim ist rund um die Uhr für schwierige Jugendliche da.
- Unser Dienstzweig *Hope for Homeless Youth* („Hoffnung für wohnsitzlose Jugendliche") erreicht Tausende von Ausgestoßenen, die in verlassenen Häusern und auf der Straße leben: Vagabunden, Prostituierte, junge Leute, die nach Hollywood kamen, um einem Traum nachzujagen, und die nun ohne Hoffnung gestrandet sind.
- Eine medizinische Poliklinik bietet rund um die Uhr kostenlose Behandlungen an.
- In Kürze wird unser Heim für allein stehende schwangere Frauen eröffnet.

Ich träume davon, so viele Dienste wie möglich ins Leben zu rufen und miteinander zu vernetzen, sodass das *Dream Center* zu einer Ausgangsbasis für verschiedenste Einsätze in der ganzen Stadt wird. Jeder unserer Dienste dient einem bestimmten Problem in der Stadt. Indem wir es den Menschen, die sich engagieren wollen, ermöglichen, hierher zu kommen und von hier aus zu operieren, erreichen wir eine Vielzahl von unterschiedlichen sozialen Gruppen in der Stadt, ob reich oder arm.

Mit Hilfe dieser vielfältigen Dienstangebote und einem Heer von engagierten Freiwilligen ist mein Traum Wirklichkeit geworden. Ich bin heute stolz darauf, in der *Los Angeles International Church* zu arbeiten, der Gemeinde, die niemals schläft.

Kapitel 1

Abende mit Hamburgern

Es war gerade 18:45 Uhr und der Gottesdienst sollte gleich beginnen. Meine Mutter und ich bogen auf den riesigen Parkplatz ein. Ich – damals noch ein kleiner, überaus schüchterner Junge, ein regelrechter Angsthase – sprang aus dem Auto und lief auf das große Gebäude zu. Der Sonnenuntergang in Arizona war wirklich eindrucksvoll, und eine herrliche Kirche, umgeben von einer bezaubernden Bergkulisse, stand in ihrer ganzen Pracht vor mir, als ich zum Eingang hinüberging. Es war immer ein schöner Spaziergang vom Parkplatz zum Gemeindegebäude. Jeden Sonntagabend legte ich denselben Weg zurück, vorbei an gepflegten Rasenflächen, herrlichen Springbrunnen und dem bunten Glasfenster, auf dem Jesus abgebildet war, wie er mit einem Blick voller Erbarmen seine Hände ausstreckte. Dahinter stand ein üppiges Blumenarrangement.

Ich betrat die Kirche, so wie ich es Hunderte von Malen zuvor getan hatte, und nahm die Pracht gar nicht mehr wahr, an der ich so lässig vorbeischlenderte. Es war keine normale Gemeinde, aber was wusste ich damals schon davon? Ich hatte mich daran gewöhnt. Ich setzte mich auf eine Bank in der Mitte der unteren Ebene und war mir des riesigen Baus und der vielen Tausend Besucher gar nicht bewusst, die Sonntag für Sonntag bei uns zusammenkamen. Ich wartete darauf, dass die Wasserfontäne wie ein Vorhang 15 Meter hoch emporschoss und ich dann in den Gesang des dreihundertstimmigen Chores einstimmen würde. All das war Teil meines Lebens; hier war ich als Sohn des Pastors einer Megagemeinde aufgewachsen.

Gegen 19:45 Uhr begann der Pastor mit seiner Predigt. Es war wieder einmal eine beeindruckende Botschaft. Danach rief er alle auf, nach vorne zu kommen, die Jesus persönlich als ihren Herrn und Erlöser annehmen wollten. Und wie jeden Sonntag machten sich Hunderte auf den Weg zum Altar, um Jesus in ihr Leben einzuladen. Reiche, Menschen mit mittlerem Einkommen, Wohnsitzlose – sie alle fühlten sich hier angenommen. Sie erlebten Gottes Liebe und das Gebet ihres Pastors vermittelte ihnen Hoffnung.

Dann war der Gottesdienst vorüber und die Menschenmenge strömte den Ausgängen zu. Mein Vater stand noch bis ganz zum Schluss im Saal und sprach mit den letzten Besuchern. Ich wusste, dass er müde war. Ich konnte es an seinen Augen erkennen. Aber er versuchte, ein Lächeln zu bewahren und jedem Gesprächspartner seine ungeteilte Aufmerksamkeit zu schenken. Nur mir, als seinem Sohn, fiel es auf, dass er erschöpft war und nach Hause wollte, doch er hatte einen Auftrag: Menschen zu lieben und sich um ihre Nöte zu kümmern.

Mein Vater und ich hatten eine kleine Tradition. Als ich noch ein kleiner Junge war, gingen wir jeden Sonntagabend nach dem Gottesdienst in ein Hamburger-Lokal und sprachen über das Leben. Obwohl er gerade mit einer schier endlosen Schlange von Menschen geredet hatte, brachte er immer die Energie auf, mir zuzuhören. Ich liebte meinen Vater aus vielerlei Gründen, die sonst niemand in der Gemeinde kannte. Wir redeten keineswegs nur über religiöse Dinge. Das taten wir eigentlich nur selten. Er war schlicht und einfach mein liebster Kumpel, der allerbeste Freund, den ich hatte.

> Obwohl mein Vater gerade mit einer schier endlosen Schlange von Menschen geredet hatte, brachte er immer die Energie auf, mir zuzuhören. Ich liebte meinen Vater aus vielerlei Gründen, die sonst niemand in der Gemeinde kannte. Er war schlicht und einfach mein liebster Kumpel, der allerbeste Freund, den ich hatte.

Die Abende im Hamburger-Restaurant waren mein Jüngerschaftstraining und meine Quelle von Trost, wenn mich etwas bedrückte; sie legten die Grundlage für alles, was ich später brauchen würde. Mein Vater musste oft ein wenig über die merkwürdigen Fragen lachen, die ich ihm stellte. Doch es gab da so etwas wie ein ungeschriebenes Gesetz zwischen uns, das besagte: „Was auch immer du wissen willst, frag einfach." Und ich fragte.

Die Jahre vergingen und ich wurde ein Teenager. Doch auch jetzt noch hielten wir am Brauch unserer Hamburger-Abende fest. Obwohl ich inzwischen mehr Wert auf Unabhängigkeit legte und viel mit meinen Freunden unternahm, von diesen Abenden mit meinem Vater konnte ich nie genug bekommen. Unsere Gespräche waren nun tiefschürfender. Wir sprachen über die Zukunft, über Träume und Ziele und was ich mit meinem Leben anfangen würde.

Die Idee, Pastor zu werden, lag mir fern, und ich war darauf bedacht, dass sich daran auch nichts änderte. Der Grund dafür ließ sich in einem Wort zusammenfassen: Furcht. Warum sollte irgendjemand in die Fußstapfen eines Mannes treten wollen, der wohl als einer der großen Männer der Christenheit in die Geschichte eingehen wird? Es schien mir, als ob ich immer am Erfolg meines Vaters gemessen werden würde, was ich auch tun würde. So beschloss ich, dass ich etwas anderes mit meinem Leben anfangen wollte.

Ich war mir durchaus bewusst, wie gut es mir ging. Ich rebellierte nicht dagegen, Sohn eines Pastors zu sein, indem ich mich mit Mädchen herumtrieb, mich betrank oder mit Drogen herumexperimentierte. Natürlich, niemand ist vollkommen, aber mich zog nichts in diese Richtung. Im Gegenteil, ich liebte Gott aus ganzem Herzen und kann mich nicht daran erinnern, jemals einen Sonntagsgottesdienst verpasst zu haben, auch während der Höhen und Tiefen meiner Teenagerjahre. Viele Pastorensöhne können wahre Horrorgeschichten erzählen – von Vätern, die niemals zu Hause waren, oder dem Druck, der auf ihnen lag, weil sie der Sohn des Pastors waren. Ich empfand dies nie so. Ich habe mein Los niemals als Belastung angesehen. Mir gefiel fast alles, was das Leben mir bot; es war eine angenehme und befriedigende Art aufzuwachsen.

Gleichzeitig hatte ich aber auch schon immer das Gefühl, dass Gott etwas Besonderes mit mir vorhatte. Ich dachte nie, dass es eine Berufung zum geistlichen Dienst sein würde, aber ich wusste, dass etwas Großes geschehen würde, das mein Leben dauerhaft veränderte. Ist es Ihnen auch schon einmal so ergangen? Sie wussten, irgendwann würde irgendetwas passieren, das Sie auf eine dramatische Weise verändert. Eine innere Ahnung, dass etwas geschehen wird, das das Leben auf den Kopf stellt, das den Dingen eine völlig neue und aufregende Wendung geben wird?

Das Jugendlager, das mein Leben auf den Kopf stellte

Es war Juni und wie immer Zeit für das Jugendlager unserer Gemeinde. Ich war damals gerade 15 Jahre alt. So packte auch ich meine Koffer und konnte es kaum erwarten, in die Berge von Colorado zu fahren. Meine Gedanken kreisten damals um viele Dinge. Die wenigsten davon –

das muss ich ganz ehrlich gestehen – hatten etwas mit Gott zu tun. Ich dachte an meine Freunde, an die sportlichen Aktivitäten, an Wettkämpfe, die Freiheit von zu Hause – und natürlich an Mädchen. Mir gefiel eigentlich alles am Jugendlager, abgesehen von den Abendgottesdiensten, die ich einfach langweilig fand. Wir sangen eine Stunde lang, dann hörten wir eine einstündige Predigt, danach weinten alle für zwei Stunden am Altar, und schließlich gingen wir spät abends alle auf unsere Zimmer. Aber ich konnte damit leben, weil wir die übrige Zeit viel Spaß hatten. Nicht, dass mir Gott nichts bedeutet hätte, ich wollte einfach den Gemeindealltag für eine Weile hinter mir lassen.

Die ersten beiden Abende waren nach dem gewohnten Schema abgelaufen: Singen, Predigt, danach eine Menge weinender Jugendlicher am Altar, die zu Gott riefen und ihr Leben mit ihm in Ordnung bringen wollten. Dieser Teil war immer beeindruckend. Einige, die immer ausgesprochen verhärtet und aufmüpfig gewesen waren, demütigten sich und gelobten Gott, von nun an den geraden und engen Weg einzuschlagen. Es war aber ein durchaus vertrauter Anblick; ich hatte die Kraft Gottes ja zu Hause auch schon oft in Aktion erlebt.

Am dritten Abend beschloss ich, dem Gastredner wirklich zuzuhören. Ich kann mich nicht mehr im Einzelnen erinnern, worüber er sprach, aber ich glaube, es ging darum, welche Möglichkeiten sich uns eröffnen, wenn wir die Kraft Gottes in uns haben. Seine Botschaft war kurz, und als ich so zuhörte, wunderte ich mich über die Leidenschaft, mit der der Gastredner sprach. Das Feuer des Heiligen Geistes hatte ihn wirklich gepackt! Ich glaube, dieser Eifer für Gott war es, der mich zu Tränen bewegte, noch bevor der Aufruf, nach vorn zu kommen, begann. Er rief all diejenigen zum Altar, die auch diese Kraft in ihrem Leben sehen wollten. Ich ging die Stuhlreihen entlang nach vorne, er betete für mich, ich fiel auf die Knie und stand die nächsten fünf Stunden nicht wieder auf. Ich erinnere mich nicht, ob an jenem Abend noch jemand für mich betete. Falls es so war, habe ich es nicht gemerkt, so sehr befand ich mich in meiner eigenen Welt. Glaube durchströmte meine Seele, Liebe für andere Menschen kam über mich, und als ich gegen 2 Uhr morgens den Gottesdienstraum verließ, wusste ich, dass ein Kapitel meines Lebens abgeschlossen war; ein neuer Matthew Barnett war nun im Werden.

Als ich aus jener kleinen versteckten Bergkapelle heraustrat, schien alles verändert: die Sterne, die Bäume, das Leben überhaupt. An jenem Abend war etwas Besonderes mit mir geschehen. Mein Herz war nun von dem tiefen Wunsch durchdrungen, mich von Gott gebrauchen zu lassen. Ich hatte keine besondere Vision; ich hörte keine Worte, die mein Leben umgekrempelt hätten. Aber ich war nun bereit, alles zu tun, was er mir zeigen würde.

Am liebsten wäre ich direkt nach Hause gefahren, um allen mitzuteilen, was Gott in meinem Leben getan hatte.

Als ich schließlich wieder zu Hause war, berichtete ich meinem Vater an unserem nächsten Abend im Hamburger-Lokal über die Ereignisse. Er war überglücklich, denn es war offensichtlich, dass meine neue Leidenschaft für Jesus echt war. Im Gottesdienst saß ich nicht mehr hinten, ich setzte mich nun ganz nach vorne. Wenn mein Vater predigte, war ich innerlich voll dabei und ging mit.

An jenem Abend war etwas Besonderes mit mir geschehen. Mein Herz war nun von dem tiefen Wunsch durchdrungen, mich von Gott gebrauchen zu lassen. Ich hatte keine besondere Vision; ich hörte keine Worte, die mein Leben umgekrempelt hätten. Aber ich war nun bereit, alles zu tun, was er mir zeigen würde.

Das Feuer in mir zeigte sich auch in Taten. Sonntagabends ging ich immer in die Innenstadt von Phoenix, las Wohnsitzlose auf und brachte sie mit in die Gemeinde. Jeden Samstag besuchte ich Sozialwohnungssiedlungen und holte Kinder von Alleinerziehenden zur Kirche ab. Meine Arbeit für Gott füllte nun mein Leben aus, und ich genoss jede Minute von allem, was ich tat.

Gottes Plan für mein Leben

An einem heißen Sommerabend lag ich auf der Motorhaube meines Autos. Mit 16 Jahren dachte ich viel über meine Zukunft nach. Plötzlich schenkte mir Gott ein Bild, in dem ich eine Stadt in Not sah. Gott ließ diese Stadt wieder und wieder vor meinem inneren Auge erscheinen. Es war Los Angeles. Wann immer ich zuvor an Los Angeles gedacht hatte, waren mir die üblichen Dinge eingefallen, an die man dabei eben denkt: Disneyland, die *Universal*-Filmstudios und Hollywood. Noch nie hatte ich an die Elendsviertel der Innenstadt gedacht. Ich hatte auch nie daran gedacht, mit Gangs, Prostituierten oder Leuten aus Armen-Ghettos zu arbeiten. So schloss ich, dass der Traum wohl von Gott sein müsste. Das Bild zeigte mir, dass ich eines Tages Pastor einer Gemeinde mitten in Los Angeles sein würde.

Ich rang mit Gott, so wie Jakob es am Ufer des Jabbok getan hatte. Am Ende gewann Gott. Er gewinnt immer, und wenn er gewinnt, gewinnen im Grunde auch wir. An jenem Abend ordnete ich ihm meine Wünsche unter, und mir war klar, dass ich tun würde, was auch immer er mir auftrug. Ich sagte: „Gott, ich werde den Menschen von dir erzählen." Ich wusste nicht, wann ich nach Los Angeles kommen würde, aber ich sagte Gott, dass ich damit anfangen wolle, wo immer er mir Gelegenheiten geben würde, sei es in Gemeinden, in Jugendgruppen oder in anderen Diensten.

Mit 17 Jahren fing ich an, in Gemeinden überall in Arizona zu sprechen. In kleinen Landgemeinden, an Raststätten und sogar in Indianerreservaten. Einmal fuhr ich vier Stunden mit dem Auto, um in Springerville (Arizona) vor einer Gemeinde mit zwölf Mitgliedern zu predigen.

Dann eröffnete der Herr mir neue Möglichkeiten und ich wurde auch in andere Bundesstaaten eingeladen. Ich flog im Land umher, sprach auf Evangelisationsveranstaltungen und Jugendkonferenzen. Es war ein Lebensstil, der mir sehr gefiel. Ich war jung, hatte ein erkleckliches Auskommen aus den Kollekten, die man für mich sammelte, und ich war für ein Jahr im Voraus ausgebucht. Ich schien die Richtung für mein Leben gefunden zu haben und machte das Beste daraus. Ich glaubte, dass dies meine Berufung sei, und der Gedanke an Los Angeles war weit weg.

Während meiner Highschool-Jahre verbrachte ich die großen Sommerferien immer bei meiner Großmutter in Kansas City. Dort sprach ich in verschiedenen Gemeinden in der Umgebung, so wie sie es jeweils für mich arrangiert hatte. Morgens ging ich immer auf die kleine Koppel neben ihrem Haus, um zu beten. In meinem letzten Schuljahr wurde ich jedoch das ungute Gefühl nicht los, dass etwas Neues geschehen würde, so als würde ich die Dinge, die ich tat und die mir so lieb geworden waren, nicht mehr sehr lange tun. In den letzten Jahren hatte sich so vieles verändert, und es fiel mir schwer zu akzeptieren, dass nun wiederum große Veränderungen bevorstanden. Ich war überhaupt nicht begeistert über diesen konstanten Fluss von Veränderungen; die Lust auf Neues war mir einfach vergangen. Wie gerne hätte ich mich auf das gefreut, was mir bevorstand, aber ich konnte es nicht.

Schon bald schlossen sich die Türen zu meinem bisherigen Dienst, und ich machte keinerlei Anstrengungen, wieder daran zu klopfen und zu rütteln. Wollte Gott mich etwa ausschließen? War er mir vielleicht böse? Was auch immer es war, ich war sehr verwirrt und verunsichert. Monate gingen ins Land und mein Terminkalender blieb leer. Ich erhielt keine Einladungen mehr von Gemeinden, und so verbrachte ich die Sonntage dort, wo ich all die Jahre immer gewesen war: in der ersten Reihe in der Gemeinde meines Vaters.

Mir war merkwürdig zumute: Erst flog ich durch die Lande und fühlte mich wichtig und nützlich, und dann stand ich plötzlich wieder dort, wo ich als Junge gewesen war. Mit all der freien Zeit, die ich nun hatte, kamen mir eine Menge Fragen an meinen Vater, die wir wieder in unserem alten Lieblingslokal an der Bell Road besprachen. Er war immer geduldig und verständnisvoll und gab mir die Ermutigung und Bestätigung, die ich so dringend nötig hatte. Wenn auch meine Welt scheinbar aus den Fugen geriet, diese Abende mit meinem Vater blieben mir, das wurde mir in dieser Zeit wohltuend bewusst. Da auch er mich an seinen Höhen und Tiefen teilhaben ließ, lernte ich von ihm, mit Erfolg und Misserfolg umzugehen. Wann immer ich mich niedergeschlagen fühlte, erzählte er mir von einem jungen Mann, dem es genauso ergangen war – ihm selbst.

Zu jener Zeit wusste ich nicht, was mit mir los war, aber eines war klar: Gott hatte während meiner Teenager-Jahre etwas Besonderes getan. Was Gott in dieser neuen Phase tat, war noch nicht sichtbar. Heute weiß ich es. Er verband mich und meinen Vater nicht umsonst so fest miteinander. Die Zeit meines Reisedienstes war vorüber; es war nun Zeit für eine neue Jüngerschaftsphase mit meinem Vater dort im Restaurant. Fast alles andere in meinem Leben stand eine Zeit lang still, doch meine Beziehung zu meinem Vater vertiefte sich. Gott sei Dank, denn schon bald würde ich diese Beziehung brauchen! Mein Leben durchlief sehr tief greifende Veränderungen.

Kapitel 2

Abschied von Phoenix

Eines Tages erhielt mein Vater einen Anruf von einem hochrangigen Amtsträger der *Assemblies of God* (die größte pfingstlerische Denomination in den USA). Er bat um ein Gespräch mit meinem Vater, weil er ihm eine sehr wichtige Anfrage unterbreiten wollte, und kam schließlich nach Phoenix – wie ein Agent in geheimer Mission, um seinen Plan im Detail zu erläutern. Sie müssen wissen, dass mein Vater zu jener Zeit im Grunde keine Zeit für ein neues Projekt hatte, hatte er doch eine der größten Gemeinden in Amerika aufgebaut, die damals 14 000 Mitglieder zählte. Das war dem Besucher sehr wohl bewusst, und doch muss er gedacht haben, dass es sich lohnen würde, seinem alten Studienkollegen die Sache zumindest anzutragen.

Mein Vater war gerade 56 Jahre alt und hatte geplant, weiterhin seine Gemeinde zu leiten, ein schönes Haus in einer vornehmen Wohngegend außerhalb von Phoenix zu kaufen und sich dort niederzulassen. Das sagte er uns zumindest, geglaubt haben wir es ihm nie so recht. Er war immer mit Leib und Seele Pastor und ein Visionär, der Herausforderungen liebte.

Der Mitarbeiter der *Assemblies of God* berichtete uns darüber, was aus den Gemeinden in den heruntergekommenen Stadtzentren Amerikas geworden war. Dabei gebrauchte er Los Angeles als Beispiel. Die meisten Gemeinden unserer Denomination, ebenso wie die anderer Denominationen, hatten den Innenstädten den Rücken gekehrt, um sich dankbareren und finanziell einträglicheren Revieren in den Randbezirken zuzuwenden. Er präsentierte meinem Vater Punkt für Punkt eine ernüchternde Bestandsaufnahme, und am Ende blieb nur die schlichte Feststellung, dass die Innenstadt von Los Angeles eine gute Gemeinde bräuchte. Aber nicht einfach eine Gemeinde wie alle anderen, sondern eine neue Art von Gemeinde, die weit über die Grenzen von Los Angeles hinaus im ganzen Land eine starke Signalwirkung haben würde. Mein Vater hörte sich alles wohlwollend an, machte aber keinerlei Zusagen, und der Besucher reiste wieder ab. Mein Vater bemühte sich, die Angelegenheit wieder zu vergessen, doch der Gedanke ließ ihn nicht mehr los.

Wie gesagt war mein Vater ein viel beschäftigter Mann. Neben seinem Pastorendienst sprach er im ganzen Land, um Pastoren und Gemeinden darin zu unterstützen, einen stärkeren Einfluss auf ihr Umfeld zu nehmen. Seine Reisen führten ihn auch häufig in den Süden Kaliforniens. Wann immer es sich einrichten ließ, fuhr er dann mit seinem Auto nach Los Angeles hinein (sein liebstes Ziel), am ehrwürdigen *Angelus Temple* vorbei, wo Aimee Sample McPherson gewirkt hatte, und zur *Azusa Street*, dem Ort der mächtigen Erweckung am Anfang des 20. Jahrhunderts.

Die Stadt bedeutete ihm einfach sehr viel.

Wenn er dann nach Phoenix zurückkehrte, konnte er die Gedanken an Los Angeles einfach nicht abschütteln. Eine Zeit lang rang er mit dem Gedanken, eine Gemeinde zu gründen, bis ihm irgendwann klar wurde, dass es nun an der Zeit war zu handeln. So rief er beim Büro der *Assemblies of God* an und teilte dem zuständigen Verantwortlichen mit, dass er tatsächlich über die Möglichkeit nachdachte, in der Innenstadt von Los Angeles eine neue Gemeinde zu gründen.

Als Familie wussten wir, was ein solcher Schritt uns allen abverlangen würde. Es war uns klar, wenn Vater einmal den Entschluss gefasst hatte, „dem Gedanken nachzugehen“, dann war es ausgesprochen wahrscheinlich, dass jedem von uns drastische Veränderungen ins Haus standen.

Mein Vater hatte schon immer davon geträumt, einmal Pastor einer multikulturellen Großstadt-Gemeinde zu sein. Doch dies war etwas ganz anderes. Hier ging es um eine Gemeinde mitten im sozialen Brennpunkt, nicht in einer Vorstadt von Phoenix. Die Straßen dort sind kalt, düster und fest in der Hand von Straßengangs. Das Leben ähnelt in nichts dem Lebensstil, wie er in den wohlhabenden Gegenden von Phoenix selbstverständlich ist. Es war in der Tat ein kühner Traum für einen Mann, der im ganzen Land bekannt und angesehen war, in ein verarmtes Ghetto zu ziehen, um einen Dienst für die Menschen, die dort leben, zu beginnen. Sie hatten finanziell nichts beizutragen und es war auf keinen Fall einfach und auch nicht ungefährlich. Er konnte auch nicht auf sein Ansehen setzen, denn die meisten Menschen dort sind Immigranten aus Ländern der Dritten Welt. Aber Liebe kennt keine Grenzen und keine Beschränkungen. Sie gehorcht auch nicht den Gesetzen der Vernunft und ist nicht immer nachvollziehbar. Manchmal ist das Herz einfach mit einer bestimmten Gruppe von Menschen verbunden, und wo dies der Fall ist, da gibt man alles, ohne auf persönliche Konsequenzen zu schauen.

Als Familie wussten wir, was ein solcher Schritt uns allen abverlangen würde. Es war uns klar, wenn Vater einmal den Entschluss gefasst hatte, „dem Gedanken nachzugehen“, dann war es ausgesprochen wahrscheinlich, dass jedem von uns drastische Veränderungen ins Haus standen.

Der Bethel Temple

Anfang 1994 unternahm mein Vater eine erste Erkundungsreise nach Los Angeles, um sich die Stadt und auch das Gemeindegebäude genauer anzusehen, das man ihm zur Verfügung stellen wollte. Ich fragte, ob ich ihn begleiten dürfe. Die *Assemblies of God* boten meinem Vater das alte Gebäude des *Bethel Temple* an, die erste *Assemblies of God*-Gemeinde, die nach der Erweckung in der *Azusa Street* entstanden war. Diese Erweckung war die Initialzündung für die Pfingstbewegung gewesen. In früheren Zeiten gehörten die einflussreichsten Christen der Stadt zu dieser Gemeinde. Um 1970 war es nur noch ein altes Gebäude in einer ärmlichen Gegend, in der es von Straßenbanden nur so wimmelte.

Mein Vater und ich kamen am späten Abend in Los Angeles an und fuhren an den modernen und gepflegten Bauten der Innenstadt vorbei. Wir erreichten den Sunset Boulevard, gerade 1½ Kilometer von den Hochhäusern der Innenstadt entfernt. Ich hatte immer gedacht, der Sunset Boulevard sei eine schöne Allee, die von Palmen und modernen Einkaufszentren gesäumt ist. Stattdessen fanden wir Gebäude, die schon bessere Tage gesehen hatten, viele kleine Läden mit Schildern in allen möglichen Sprachen an einer heruntergekommenen Straße.

Wir bogen in die Marion Street ein und da, inmitten eines spärlich beleuchteten Wohngebietes, stand der *Bethel Temple*. Das Gebäude glich eher einem Museum als einer Kirche. Wir stellten das Auto an der Straße ab und gingen zum Haupteingang.

Eine Gruppe von Jugendlichen, die offensichtlich zu einer Gang gehörten und auf den Stufen vor dem Eingang herumlungerten, warf uns misstrauische Blicke zu, als wollte sie sagen: „Was habt ihr weißen Typen denn hier verloren?“ Es war fast wie eine Szene aus einem Film. Ich war damals gerade 20 Jahre alt und hatte Angst. Noch nie hatte ich eine Gruppe von Gangstern aus der Nähe gesehen.

Als wir das Gebäude betraten, stellten wir fest, dass es durchaus seinen Charme hatte, obwohl es ausgesprochen heruntergekommen war. Es hatte noch immer die alten roten Theatersitze. Ich war begeistert von den Möglichkeiten, die das Gebäude bot. Der alte, ausgetretene Boden knarrte bei jedem Schritt und ich dachte an die großartige Vergangenheit dieser Räume. Doch ein anderer Gedanke faszinierte mich noch mehr: Was für eine Zukunft mochte ihnen wohl noch bevorstehen?

Ich fühlte mich gleich zu Hause und hatte tief in meinem Innern eine Ahnung, dass ich eines Tages wieder an diesen Ort zurückkehren würde. Wir machten einen Rundgang durch die Anlagen und kehrten wieder nach Phoenix zurück. Der Traum hatte sich in mir festgesetzt. Ich wollte Pastor dieser Kirche werden, sagte jedoch meinem Vater nichts davon, weil ich wusste, dass Gott die Türen öffnen und zu meinem Vater sprechen würde, wenn es sein Wille war.

„Der Traum hatte sich in mir festgesetzt. Ich wollte Pastor dieser Kirche werden, sagte jedoch meinem Vater nichts davon, weil ich wusste, dass Gott die Türen öffnen und zu meinem Vater sprechen würde, wenn es sein Wille war.

Auf der Suche nach einem Pastor

Nach unserem Besuch im *Bethel Temple* wussten mein Vater und ich, dass dort eine neue Gemeinde entstehen würde. Wir sprachen mit unserer Familie darüber und kamen überein, dass wir als Familie dem Ruf Gottes folgen und die Vision unterstützen würden. Mein Vater wollte die Gemeinde gründen und die Initiative im Land bekannt machen. Ein Problem blieb: Wer würde ihr Pastor sein?

Wir beschlossen, eine Liste der zehn renommiertesten Pastoren und Evangelisten zu erstellen, die in unserer Gemeinde in Phoenix zu Gast gewesen waren und die eine besonders nachhaltige Wirkung auf unsere Gemeinde gehabt hatten. Mein Vater nahm telefonisch Kontakt zu ihnen auf, erläuterte ihnen das Vorhaben und lud sie zu einer Besichtigung ein. Alle äußerten ihre Begeisterung darüber, eine Gemeinde in Los Angeles zu leiten. In den folgenden Monaten kamen sie, einer nach dem anderen, nach Los Angeles. Als sie jedoch das Gebäude sahen und das Umfeld, das sie hier erwarten würde, winkten sie dankend ab. Ich nehme an, es war für diese Männer, die allesamt in ihrem Dienst gut etabliert waren, einfach zu schwer vorstellbar, sich mit ihren Familien in einem sozialen Notstandsgebiet niederzulassen, um dort eine Gemeinde zu leiten. Eine solche Aufgabe erforderte einen Pastor, der nichts zu verlieren hatte und familiär nicht gebunden war, jemand, der verrückt genug war, es einfach zu versuchen. Vielleicht hatte der eine oder andere tatsächlich einen Ruf für die Aufgabe und war einfach nicht bereit zu folgen, vielleicht aber auch nicht.

Obwohl wir über einen langen Zeitraum hinweg intensiv gesucht hatten, konnten wir niemanden finden, der sich bereit erklärt hätte, die Gemeinde zu leiten. Dass mein Vater jeden Sonntag in zwei Städten Gottesdienste abhielt, war keine realistische Alternative.

Jeden Montagmorgen kamen Hunderte von Leuten in der Gemeinde meines Vaters zusammen, um zu beten. Während einem dieser Gebetstreffen teilte Craig Smith, ein angesehener Geschäftsmann, der zu unserer Gemeinde gehörte, meinem Vater einen Eindruck mit, den er von Gott empfangen zu haben glaubte. Mein Vater schätzte diesen Mann sehr und so hatte sein Wort ein besonderes Gewicht.

Craig teilte ihm mit: „Pastor, ich weiß, dass Sie auf der Suche nach jemandem sind, der die Gemeinde in LA übernehmen kann. Ich habe darüber gebetet und habe einen Eindruck bekommen, der Sie vielleicht überraschen wird. Irgendwie habe ich das Gefühl, dass Ihr Sohn die Gemeinde leiten soll." Mein Vater reagierte sehr überrascht, doch Craig fuhr fort: „Ich weiß, er ist noch jung, aber ich bin mir ganz sicher, dass Gott mich auffordert, Ihnen mitzuteilen, dass Ihr Sohn der Aufgabe gewachsen ist." Ich wusste nicht, dass mein Vater tief in seinem Herzen schon immer diesen Eindruck gehabt und auf eine Bestätigung gewartet hatte. Diese kam nun von Craig.

Mein Vater kam nach Hause, erzählte mir davon und eröffnete mir auch, was er darüber dachte. Ich hatte immer geglaubt, dass mein Vater mich als Assistenten haben wollte (ein Gedanke, der mir durchaus zusagte), aber in dem Augenblick, als er mich an diesem Tag ansprach, war mir klar, dass er mehr im Sinn hatte. Er wollte, dass ich die Gemeinde selbst leitete.

Ehrlich gesagt, konnte ich seine Zuversicht nicht teilen, als er mir sagte, dass er mir die Aufgabe zutraute. Ich glaubte zwar durchaus, dass ich irgendwann einmal eine Gemeinde in Los Angeles leiten würde, aber nicht im Alter von 20 Jahren und ohne jegliche Erfahrung. Doch es gab keine Ausflüchte; ich wusste, dass es das war, wovon ich geträumt hatte. Es war meine Berufung, und ich konnte dem Weg nicht ausweichen, der mir vorgezeichnet war. Fürchtete ich mich? Und ob ich mich fürchtete! Aber irgendwie hatte ich genug Zuversicht in mir, um den Weg anzutreten.

Rückblickend kann ich kaum fassen, dass ich ein so blindes Vertrauen hatte. Inzwischen habe ich herausgefunden, dass Gott, wenn er uns einen Traum schenkt, uns zuerst für die Schönheit dieses Traumes begeistert. Um uns nicht zu erschrecken, hält er den Leidensweg, der zur Erfüllung des Traumes führt, zunächst verborgen. Die Opfer kommen auf dem Weg. Nachdem ich den ersten Schock verdaut hatte, nahm ich das Angebot an, der jüngste Pastor in der Stadt – wenn nicht im ganzen Land – zu werden.

Im Glauben hinausgehen

Schon einen Monat später sollte ich meinen ersten Gottesdienst in Los Angeles halten. Ich hatte überhaupt keine Zeit, mich vorzubereiten. Ich will versuchen, Ihnen einen Eindruck davon zu geben, welcher Herausforderung ich mich gegenübersah. Ich hatte keinerlei Erfahrung im pastoralen Dienst; ich hatte bislang nicht einen einzigen Tag als Pastor gearbeitet. Alles, was ich bisher gemacht hatte, waren Evangelisationen unter Jugendlichen. Ich hatte weder Ahnung von Gemeindefinanzen, noch wusste ich, wie man eine Gemeinderatssitzung leitet.

„Inzwischen habe ich herausgefunden, dass Gott, wenn er uns einen Traum schenkt, uns zuerst für die Schönheit dieses Traumes begeistert. Um uns nicht zu erschrecken, hält er den Leidensweg, der zur Erfüllung des Traumes führt, zunächst verborgen. Die Opfer kommen auf dem Weg.

Der Pastor, dessen Nachfolge ich antrat, war 80 Jahre alt und hatte die vergangenen 25 Jahre an diesem Ort verbracht. Pastor Howard Barfoot hatte sein Amt treu ausgeübt und es geschafft, die Gemeinde in einem so schwierigen Umfeld zusammenzuhalten. Obwohl es nur wenige

Mitglieder gab, hätte ich diese Stelle doch niemals antreten können, wenn es ihn nicht gegeben hätte. In meinen Augen ist er ein echtes Vorbild, weil er nicht aufgab. Er hatte viel Saat gesät, die mit in die Ernte eingeflossen ist, die Gott heute durch das *Dream Center* schenkt. Aber ich will den Dingen nicht vorgreifen.

Ich packte meine Sachen und machte mich daran, von Zuhause auszuziehen. Es war eine der schwersten Erfahrungen in meinen jungen Jahren. Meine Familie war immer der Mittelpunkt meines Lebens gewesen, und alles, was mein Leben ausmachte, war in Phoenix: meine Gemeinde, meine langjährigen Freunde und meine Familie, die mir so kostbar war. Alledem kehrte ich nun den Rücken.

Als ich auf der Interstate I-17 entlangfuhr, ließ ich voller wehmütiger Gefühle mein bisheriges Leben Revue passieren. Ich suchte in Gedanken noch einmal meine Highschool auf und all die Orte, an denen ich oft meine Freitagabende verbracht hatte. Das alles war mir auf einmal wertvoller als jemals zuvor. Ich fühlte mich, als ob mein Leben noch einmal von vorne beginnen würde, und so war es auch in der Tat.

Ich dachte, das schmerzhafte Gefühl würde sich unterwegs legen, aber als ich das Schild mit der Aufschrift „Welcome to California" passierte, liefen mir Tränen die Wangen hinunter. Die Realität war nicht mehr zu leugnen: Ich war nun nicht mehr in Phoenix.

Je näher ich Los Angeles kam, desto stärker packte mich das kalte Entsetzen. Ich war eben doch nicht ganz so mutig, wie ich gedacht hatte. Nun war es an der Zeit, mir das in aller Demut einzugestehen. Während ich durch die Wohngebiete der Innenstadt fuhr, holte die Wirklichkeit mich endgültig ein. Straßenbanden hier, Prostituierte dort, überall Graffiti-Schmierereien, an heruntergewirtschafteten Gebäuden hingen Ladenschilder in allen möglichen Sprachen. Es war ein großer Kulturschock und gleich eine kleine Einführung in das Leben in den Ghettos der Innenstadt, die ich da an diesem späten Abend erhielt.

Schließlich erreichte ich mein neues Zuhause im Zentrum von Los Angeles. Hohe Gebäude umgaben meine Wohnung, so wie es in der Innenstadt üblich ist. Sie erinnerten mich an Riesen und ich fühlte mich auf eine merkwürdige Weise eingeschüchtert. Innerhalb weniger Stunden hatte sich mein Leben radikal geändert. Als ich in meiner Wohnung ankam, überkam mich der Gedanke: *Was tue ich hier eigentlich und wo ist der schnellste Zubringer zur Autobahn zurück nach Phoenix?*

An jenem Abend starrte ich stundenlang auf die Skyline von Los Angeles und dachte über mein bisheriges Leben nach und darüber, was mich hier wohl erwarten würde. Die gewaltige Aufgabe, die vor mir lag, lähmte mich schier, und alles in mir sagte immer nur: „Auf, nach Hause!" Doch inmitten meiner Furcht spürte ich die Berührung Gottes und kam zur Ruhe. Ich packte meine Sachen aus und machte mich daran, mich auf meine neue Aufgabe vorzubereiten – als Pastor der *Los Angeles International Church*, die später *Dream Center* heißen sollte.

Hoffnungsschimmer

Die ersten Wochen waren sehr schwierig. Ich war es gewohnt, ein großes Büro mit vielen Mitarbeitern und moderner Ausstattung zu haben. Alles, was ich bisher gekannt hatte, war die blühende Megagemeinde, in der ich aufgewachsen war. Nun versuchte ich, mich an die Stille zu gewöhnen. Zeitweise hatte ich eine Hand voll Mitarbeiter, aber die meiste Zeit war ich allein, abgesehen von den Bandenmitgliedern, die draußen auf den Stufen saßen. Ich wurde den Gedanken nicht los: Wie in aller Welt sollte ich hier unter solchen Umständen eine Gemeinde aufbauen?

Der Gemeinde fehlte es an Leben, Kraft und Ressourcen.

Die Gottesdienste am Sonntag waren noch schwieriger. Eines der Haupthindernisse, die ich zu überwinden hatte, war die Tatsache, dass ich kein Spanisch sprach. Heute spreche ich es nahezu fließend, doch damals konnte ich kaum ein Wort herausbringen. Das Gebäude hatte für 800 Leute Platz, es kamen aber allenfalls 25 zum Gottesdienst. Vielen behagte es überhaupt nicht, dass sie nun einen 20-jährigen völlig unerfahrenen Pastor vor sich hatten.

Oft spähte ich kurz vor dem Gottesdienst am Sonntagabend in das Auditorium, doch es war niemand da. Ich schaute auf den Parkplatz nach den Autos. Häufig war er völlig leer. Der Anblick dieser gähnenden Leere vor dem Gottesdienst erschreckte mich jedes Mal und manchmal konnte ich die Tränen kaum zurückhalten. Was es noch schlimmer machte, war die Tatsache, dass mein Vater jeden Sonntagabend anrief, um mich zu fragen, wie der Gottesdienst gelaufen war, und ich tat immer so, als ob alles in Ordnung sei. Aber nichts war in Ordnung! Ich versagte völlig. Diese ersten sechs Monate brachten mich an den Rand des Zusammenbruchs.

Was es noch schlimmer machte, war die Tatsache, dass mein Vater jeden Sonntagabend anrief, um mich zu fragen, wie es lief, und ich tat immer so, als ob alles in Ordnung sei. Aber nichts war in Ordnung! Ich versagte völlig. Diese ersten sechs Monate brachten mich an den Rand des Zusammenbruchs.

Inmitten dieser schwierigen Wegstrecke erlebte ich, wie Gott Hoffnungsschimmer aufstrahlen ließ, um uns auf dem Weg zu halten. Wenn sie auch oft nicht beeindruckend wirken, sondern eher unscheinbar – sie erfüllen ihren Zweck und helfen uns durch den Tag. Ein solcher Hoffnungsschimmer wurde für mich Gus Gabriel, ein älterer philippinischer Pastor, der schon seit 25 Jahren zur Gemeinde kam. Als die Leute sich über mich zu ärgern begannen, suchte er jedes einzelne Gemeindemitglied auf und machte ihnen klar, warum sie mich unterstützen sollten und wie sie es tun konnten. Auch wenn ich falsche Entscheidungen traf, er stand immer in brüderlicher Liebe zu mir.

Hätte sein Mut mir nicht den Rücken gestärkt, so wäre meine Laufbahn längst zu Ende. Er glaubte in Zeiten an mich, als ich es selbst nicht mehr konnte. Er glaubte an mich, als die Gemeinde stagnierte. Heute, da unsere Gemeinde floriert, ist er immer noch an meiner Seite, um mich zu ermutigen. In schwierigen Zeiten zeigt es sich, wer wirklich ein Freund ist, und keiner hat so zu mir gehalten wie Amerigus Gabriel.

Innere Kämpfe

Die Gemeinde wuchs einfach nicht, und so lag ich Abend für Abend auf dem Boden, flehte zu Gott und fragte mich, wann die Gemeinde endlich in Gang kommen würde. Ich kam aus einer großen Kirche und hatte große Erwartungen an mich, denen ich einfach nicht gerecht werden konnte. Ich hielt Ausschau nach Ideen und Methoden, aber nichts half. Ich war nicht mehr in Phoenix, stand nicht mehr unter dem Schutzschild meines Vaters. Ich fühlte mich einsam, und es schien mir, als müsste ich meinen Kampf ganz alleine durchfechten. Doch eigentlich ging es in diesem Kampf gar nicht in erster Linie um den Aufbau von Gemeindediensten. Der Kampf tobte tief in meinem Herzen, denn hier ist es, wo große Träume geboren werden.

Kapitel 3

In die Welt der anderen eintauchen

Mein Vater nahm einmal an einer Pastorenkonferenz im Mittleren Westen teil. Während einer der Sitzungen stand ein Pastor auf und kündigte an, er werde am folgenden Morgen darüber sprechen, was das Geheimnis einer wahrhaft großen Gemeinde sei. So kam mein Vater voller Erwartung am darauf folgenden Morgen, setzte sich auf einen der Plätze in der ersten Reihe, zückte seinen Notizblock und war gespannt, was jener Pastor zu diesem Thema zu sagen hätte. Der Redner stand auf, trat ans Pult und verkündete: „Ich will Ihnen nun das Geheimnis einer wahrhaft großen Gemeinde verraten. Es lässt sich in einem Wort zusammenfassen: Schwierigkeiten." Und damit beendete er seinen Vortrag, nahm seine Bibel und verließ den Saal.

Ich muss immer wieder lachen, wenn ich diese Geschichte höre, weil es einfach stimmt.

Schwierigkeiten bringen uns dazu, in die Tiefe unseres Selbst vorzudringen und zu erfahren, was wir wirklich glauben. David schrieb: „Wohl mir, dass Trübsal mich traf" (Ps 119,71; Herder-Übersetzung). Er sagte dies freilich nicht, während die Trübsal über ihn hereinbrach. Doch rückblickend wurde ihm bewusst, dass die Trübsal ihn zu dem gemacht hatte, der er war.

Prüfungen

Mitunter wird Gott es zulassen, dass wir schwierige Zeiten durchmachen, sobald wir uns auf einen Lebenstraum eingelassen haben, weil er gleich zu Anfang herausfinden will, ob wir der Herausforderung gewachsen sind. Viele Menschen, die Großes mit Gott vollbracht haben, berichten übereinstimmend, dass ihre größte Prüfung ganz zu

> Schwierigkeiten bringen uns dazu,
> in die Tiefe unseres Selbst vorzudringen
> und zu erfahren, was wir wirklich glauben.

Anfang kam. Ich hatte zu Anfang viele Prüfungen, aber eine von ihnen war für mich die allerwichtigste:

Zu Beginn meiner Arbeit hatte ich eine Gruppe von jungen Leuten aus Phoenix bei mir, die beim Gemeindeaufbau mithalfen. Sie fuhren den Gemeinde-Bus, arbeiteten im Büro und bei den verschiedensten anderen Diensten. Sie waren praktisch meine Mitarbeiter. Wir arbeiteten zusammen, trugen die Kämpfe gemeinsam aus, und ich wusste, dass ich mich auf sie verlassen konnte. Eines Abends fanden die jungen Leute jedoch, dass sie nun genug hatten und nicht mehr länger mit mir zusammenarbeiten wollten.

Sie trafen sich heimlich und besprachen, was sie tun wollten. Alle stimmten darin überein, dass meine Arbeit zu wünschen übrig ließ und dass es für sie an der Zeit wäre, zu gehen und sich neuen Aufgaben zuzuwenden. Ich war erschüttert, als ich von ihrem heimlichen Treffen erfuhr, zum einen, weil es unaufrichtig war, zum anderen weil sie zu dem Schluss kamen, dass sie mir als Pastor nicht mehr vertrauen wollten.

Ich ging in meine Wohnung, vergrub mich in mein Kopfkissen und weinte geschlagene drei Stunden lang. Es war jene Art von Weinen, das von ganz tief unten heraus kommt und das manchmal notwendig ist, um uns für die nächsten Schritte zu mobilisieren. Eine solche tiefe Verzweiflung kann zwei Dinge bewirken. Entweder werden wir verbittert und entscheiden uns, künftig überhaupt niemandem mehr zu trauen, oder uns gelingt ein Durchbruch und wir entscheiden uns, nicht aufzugeben.

Ich muss sagen, dass dieser Aufschrei der Verzweiflung zu jenem Zeitpunkt das Beste war, was mir passieren konnte. Eine „heilige" Entschlossenheit kam über mich und eine innere Kraft, die ich nie zuvor gehabt hatte. Während ich meiner Verzweiflung Luft machte, schlug ich mit den Fäusten auf den Boden und schrie: „Ich gebe nicht auf! Nein, ich gebe nicht auf!" Nach drei Stunden wischte ich mir die Tränen aus dem Gesicht und ging mit einer völlig erneuerten Haltung zurück an die Arbeit. Es war keine Überheblichkeit; ich hatte einfach eine grundlegende Entscheidung getroffen: „Auch wenn alle mir den Rücken zukehren, ich gehe weiter!" Ich war entschlossen, mich nicht vom Teufel zur Strecke bringen zu lassen. Es war, als würde in meinem Inneren ein Feuer entzündet – ich würde diese Gemeinde aufbauen, egal, wie groß die Schwierigkeiten waren, egal, wie lange es dauerte.

Nach draußen gehen

Ich beschloss, dass ich die Gemeinde so bauen würde, wie ich es für richtig hielt. Mir war bewusst, dass ich den Nöten und Bedürfnissen der Leute gerecht werden musste und dass ich mehr darüber erfahren musste, was die Menschen hier brauchen. Jeden Abend erkundete ich die Gegend. Ich wollte mich stärker auf die Leute einlassen und ein Teil von ihnen werden. Einen Abend aß ich in einem mexikanischen Lokal, den nächsten Abend ging ich chinesisch essen, dann wieder suchte ich einen kubanischen oder einen anderen lateinamerikanischen Treffpunkt auf. Ich durchstreifte die Parks und versuchte, mit den Leuten ins Gespräch zu kommen. Ich wurde ein Teil ihrer Welt.

Meine Zeit in Phoenix gehörte nun endgültig der Vergangenheit an. Ich brach die Brücken hinter mir ab und schaute nicht mehr zurück. Lange Zeit besuchte ich auch meine Familie nicht, weil ich die alten Bindungen lösen wollte. In gewisser Weise kann ich sagen, dass ich hier nach Los Angeles gehören wollte, in diese Nachbarschaft.

In der Folgezeit geschah etwas Besonderes mit mir: Mein Herz verband sich mit den Menschen. Ich ließ meine alte Welt zurück und pflanzte mich neu ein. Ich aß, was sie aßen, arbeitete mit ihnen zusammen, besuchte sie Tag und Nacht zu Hause und lernte ihre Lebensart kennen. In den Gemeinden erwarten wir allzu oft, dass die Menschen sich uns anpassen. Wir gründen eine Einrichtung und erwarten dann, dass Leute zu uns kommen. Die Lektion, die ich in dieser Zeit lernte, war, dass wir uns der Welt um uns herum anpassen müssen, wenn wir sie erreichen wollen.

Jede Woche machte ich buchstäblich Hunderte von Hausbesuchen in der Nachbarschaft, stellte mich als neuen Pastor vor und versuchte, die Leute für die Gemeinde zu begeistern. Im Gottesdienst bat ich die Gemeindemitglieder regelmäßig, mich samstags zu begleiten und Leute zum Gottesdienst einzuladen. Meist reagierte jedoch niemand darauf und so ging ich allein.

Ich wollte so sehr mit den Menschen in der Nachbarschaft in Kontakt kommen, dass ich meinen Schreibtisch und mein Telefon hinausstellte und meine Büroarbeit draußen vor der Kirche erledigte. Während die Leute vorbeigingen, um ihre Kinder zur Schule zu bringen, rief ich ihnen ein Hallo zu und hoffte, auf diese Weise mit ihnen in

Kontakt zu kommen. Ich ließ sogar einige Brocken in Spanisch einfließen: „¿Como estás?“ (Wie geht’s?) oder „¡Buenos días!“ (Guten Morgen).

> In den Gemeinden erwarten wir allzu oft, dass die Menschen sich uns anpassen. Wir gründen eine Einrichtung und erwarten dann, dass Leute zu uns kommen. Die Lektion, die ich in dieser Zeit lernte, war, dass wir uns der Welt um uns herum anpassen müssen, wenn wir sie erreichen wollen.

Ich ließ nichts unversucht, um mit Leuten in Berührung zu kommen. Meine Bemühungen und die meiner Mitarbeiter begannen schließlich, Früchte zu tragen, und die Mitgliederzahlen begannen zu steigen. Es war uns ernst damit, uns den Bedürfnissen unserer Nachbarschaft zu stellen. Wir gaben Essen aus und organisierten Nachbarschaftsfeste. In der Tat gelang es uns, Vertrauen aufzubauen. Wir verschenkten Truthahn zum Erntedankfest, verteilten Weihnachtsgeschenke und gaben regelmäßig nach dem Gottesdienst Tüten mit Lebensmitteln aus. Wir führten interne Wettbewerbe durch und setzten Preise aus für den, der die meisten Besucher mitbrachte. Wir wollten, dass die Menschen ihren Fuß über unsere Schwelle setzten, und es gelang. Die Leute aus unserer Nachbarschaft kamen. Immer wieder gab es auch Geldspenden von Leuten, die unsere Arbeit sahen und uns unterstützen wollten.

Nach einem Jahr begann mir die Arbeit in Los Angeles Spaß zu machen. Nun, da ich zu einem Teil dieser Welt geworden war, fühlte ich mich nicht mehr auf mich allein gestellt. Es ging nun nicht mehr darum, was aus Matthew Barnett, dem Sohn des bekannten Pastors, werden würde. Mein Anliegen war es, die Lebensumstände der Menschen zu verbessern. Es war mir gleichgültig geworden, welchen Titel ich trug oder wie ich zu Größe und Einfluss kommen könnte. Die Leute in der Nachbarschaft waren mir wichtig.

Oft ging ich abends einfach so zum Spaß in den Supermarkt, kaufte so viele Lebensmittel, wie ich gerade bezahlen konnte, und brachte sie irgendeiner Familie als Überraschung mit. Ich träumte nicht mehr davon, große Gebäude zu haben, sondern davon, den Menschen zu helfen und ihre Lebensbedingungen zu verbessern.

Dem Beispiel Jesu folgen

Im 26. Kapitel des Matthäus-Evangeliums gibt es einen Vers, der mich sehr inspiriert. Ich will kurz schildern, worum es geht: Es war gegen Ende von Jesu Leben. Es blieben ihm nur noch wenige Tage, vielleicht waren es auch nur noch einige Stunden, bevor er ans Kreuz gehen würde – sein Leben war in die entscheidende Phase eingetreten. Stellen Sie sich vor, was Sie tun würden, wenn Sie nur noch einen oder zwei Tage zu leben hätten. Ich vermute, Sie würden die Zeit mit einem geliebten Menschen verbringen, sich von Ihrer Familie verabschieden oder eine Beziehung in Ordnung bringen, in der es Schwierigkeiten gibt. Vielleicht möchten Sie auch noch etwas tun, vor dem Sie sich Zeit Ihres Lebens gefürchtet haben.

Was aber tat Jesus? Hätte er angesichts der wenigen Stunden, die ihm noch blieben, nicht alles daran setzen sollen, seine wichtigsten Lehren noch rasch schriftlich niederzulegen, vor aller Welt eine Abschiedspredigt zu halten oder seinen Jüngern letzte Instruktionen zu geben? In der Bibel aber heißt es, dass „Jesus in Bethanien, im Hause Simons des Aussätzigen bei Tisch war“ (Mt 26,6; Einheitsübersetzung). Jesus nahm sich die Zeit, mit Simon zu essen, einem Mann, der am ganzen Körper Ausschlag hatte und dessen Haut sich in Fetzen ablöste.

Wir dienen einem Gott, der uns gezeigt hat, wie man in die Welt anderer eintaucht. Er suchte immer nach Wegen, um anderen zu dienen. Und das ist genau das, was wir in der Kirche brauchen. Wir haben zu viele Prediger, die vorne stehen und predigen, sich aber niemals auf die inneren Nöte der Menschen einlassen. Sie halten gute Predigten, und wenn sie fertig sind, gehen sie nach Hause, ohne den Leuten auch nur die Hand zu geben, geschweige denn persönlich auf sie zuzugehen und ihnen zu dienen.

Es gibt viele andere Berichte, in denen geschildert wird, dass Jesus seinen Weg unterbricht, um Menschen am Wegesrand in ihren Nöten aufzusuchen. So war Jesus auf der langen Reise zu einem wichtigen religiösen Fest und nahm sich unterwegs Zeit für die samaritische Frau, eine geächtete Person. Als Jesus in Jericho einzog, war er sofort von einer Menschenmenge umringt. Und doch schaute er nach Zachäus im Maulbeerbaum und rief ihm zu: „Zachäus, ich möchte heute zu dir nach Hause kommen und mit dir zusammen zu Abend essen." Er aß mit dem Steuereintreiber Matthäus und forderte ihn auf: „Folge mir!" Noch am Kreuz, inmitten seiner Schmerzen, wandte er sich dem Dieb zu, der neben ihm hing: „Heute noch wirst du mit mir zusammen im Paradies sein."

So war Jesus einfach – ein Mensch voll aufrichtiger Liebe für einzelne Menschen.

Dem Beispiel Jesu folgend, begann die Gemeinde in Los Angeles zu wachsen und entwickelte sich zu einem emsigen Bienenstock voller Aktivität und Leben. Ich wünschte, ich könnte sagen, sie wuchs, weil ich so viele inspirierende Ideen vom Heiligen Geist bekam, aber in Wahrheit wuchs sie einfach dadurch, dass wir uns immer Zeit für jeden einzelnen Menschen nahmen. Dann stellte Gott uns verschiedene einzelne Menschen und Gruppen zur Seite, die unsere Vision teilten und uns helfen wollten. Mit ihrer Hilfe füllte sich Woche für Woche die Gemeinde.

Ein modernes Wunder

In diesem Stadtviertel ereignete sich ein wahres Wunder. Es ist erstaunlich, wie eine Veränderung unserer Wertvorstellungen alles andere verwandeln kann. Die erste Hälfte des Jahres war schrecklich, voller Kämpfe. Doch nachdem sich mein Blickwinkel geändert und ich den Entschluss gefasst hatte, Menschen zu lieben und ihnen zu dienen, wandelte sich die Gemeinde grundlegend. In unserer Nachbarschaft begann Erweckung.

Ein Mitglied unserer Gemeinde richtete hinter der Kirche ein Basketballfeld ein und stellte Fitnessgeräte auf dem Parkplatz auf. Es war eine zündende Idee! Jeden Abend kamen Hunderte von Jugendlichen, Mitglieder aller möglichen Straßenbanden und Familien aus der Nachbarschaft, spielten Basketball, stemmten Gewichte und aßen Abendbrot auf den aufgestellten Bänken. Wir gestatteten einigen, Graffitis mit einer positiven Aussage auf die Wände zu sprühen. Jeden Abend, nachdem das Büro geschlossen hatte, ging eine kleine Gruppe von Freiwilligen aus unserer Gemeinde hinaus; wir hoben Gewichte mit den Jugendlichen, redeten mit den Familien und machten uns mit den Leuten aus der Nachbarschaft bekannt. Ich konnte es kaum fassen, dass ein alter ungepflasterter Parkplatz mit Bänken, ein paar Gewichten und Basketballkörben unsere Gegend so nachhaltig veränderte. Die Kirche war voll und in den Menschen wurde ein Sinn für Nachbarschaft lebendig.

Wir verbrachten im Grunde all unsere Zeit damit, Wege zu finden, wie wir Menschen in Not erreichen konnten. Wir hielten die Türen den ganzen Tag offen und ermöglichten es den Leuten, zum Beten hereinzukommen, gaben ihnen Nahrungsmittel und sonstige Hilfen aller Art. Wir wollten, dass die Leute sich in der Gemeinde zu Hause fühlten. Wir errichteten keine Zäune, um Unruhestifter fern zu halten. Wir öffneten einfach unsere Türen und luden jedermann ein.

Straßendiakone

Mein Onkel spendete den ersten Bus für unsere Gemeindedienste. Schon bald gingen viele weitere Spenden für die Gemeinde ein. Heute haben wir eine Flotte von 16 Bussen.

Von Anfang an verwendeten wir die Busse für einen guten Zweck. Unsere ersten neuen Gemeindemitglieder waren im Großen und Ganzen wohnsitzlos. Zu Anfang sammelten wir etwa die Hälfte der Gemeinde mit Bussen auf der Straße auf. Viele wohnten in Pappkartons. Einige dieser Gemeindemitglieder waren wirklich seltsame Menschen! Zu jedem Gottesdienst karrten wir etwa hundert Wohnsitzlose heran und gaben ihnen im Anschluss eine Mahlzeit. Ich öffnete die Gemeinde für alle, aber sie waren zunächst die Einzigen, die kamen.

Wir riefen ein Programm ins Leben, das wir „Straßendiakone" nannten. Diese Diakone waren Männer von der Straße, die treu zur Gemeinde kamen, sodass wir sie nun zu Straßendiakonen beförderten. In der Vergangenheit waren diese Männer allenfalls mit Schimpfnamen tituliert worden; so gefiel es ihnen sehr, nun einen solchen Titel zu tragen. Ihre Aufgabe bestand darin, Leute von der Straße hereinzubringen und in den Bussen für Ruhe zu sorgen. Ich lobte sie für die gute Arbeit, die sie leisteten, und sie blühten unter der Ermutigung richtig auf.

Einer dieser Diakone hieß Figueroa und war einer der größten Männer, die ich je gesehen habe. Sein ganzer Körper war ein einziges Muskelpaket. Er war so entschlossen, Leute in seinen Bus zu bekommen, dass er sie packte und beinahe zum Einsteigen zwang. In der Bibel heißt es zwar: „Geht und nötigt sie zu kommen!“, trotzdem denke ich, er hat es damit wohl zuweilen etwas übertrieben.

Den Nöten begegnen

Wenn man in das Leben anderer Menschen eintaucht, lernt man, eine Vision zu entwickeln. Als Christen stellen wir uns manchmal vor, dass man, um eine Vision zu bekommen, irgendwo auf einen einsamen Berggipfel steigen muss. Dort muss man dann stundenlang auf eine Offenbarung warten, was wir mit unserem Leben anfangen sollen. Oder aber wir haben den Eindruck, wir müssten auf eine Freizeit fahren oder in ein geistliches Einkehrzentrum, um unserer Bestimmung auf die Spur zu kommen.

Aber nichts von allem, was heute im *Dream Center* zu sehen ist, ist aus einer Berggipfel-Erfahrung heraus entstanden. Unsere Vision ist unten im Tal entstanden. Im Tal sind wir nahe genug an den Nöten; wir sehen einfach, wo es brennt. Jeder der 200 Dienstzweige, die das *Dream Center* heute hat, ist auf der Straße entstanden, indem wir uns mit den Menschen identifiziert und ihre Nöte erkannt haben. Nachdem wir einen Mangel entdeckt hatten, kamen uns Ideen, wie wir ihm begegnen können.

Einmal kam nach dem Gottesdienst ein Obdachloser auf mich zu und fing an, sich an meiner Schulter auszuweinen. Er sagte: „Pastor, Ihre Predigt hat mir so viel Hoffnung gemacht, aber heute Nacht muss ich zurück auf die Straße, wo es kalt ist und wo ich der Versuchung widerstehen muss, wieder zu trinken und Drogen zu nehmen. Haben Sie nicht einen Platz für mich, an dem ich bleiben kann, um für Gott zu leben und von der Straße wegzukommen?“ Ich war sehr traurig, ihm sagen zu müssen, dass wir zur Zeit nichts für ihn tun konnten. Tränen liefen seine Wangen hinunter und er verabschiedete sich traurig.

Ich versprach Gott: „Eines Tages werde ich einen Platz haben, wo solche Leute übernachten und im Glauben wachsen können.“ Ich hätte diesen Traum aber nie bekommen, wenn ich nicht im Tal gewesen wäre und die Not mit eigenen Augen gesehen hätte. Hier liegt auch der Grund, warum Gemeinden vielerorts so wenig Ahnung haben, was sich eigentlich wirklich in ihrer Umgebung abspielt. Zu viele Christen leben auf geistlichen Höhenflügen und schaffen es dennoch nicht, glückliche Menschen zu sein. Warum? Weil wir nur dann glücklich werden, wenn wir Gebende sind. Wer sind also die glücklichen Menschen? Es sind all jene, die Woche für Woche etwas bewegen, indem sie sich an andere verschenken. Wer sein Leben lang die Hände aufhält, der wird nur zu Weihnachten und an seinem Geburtstag glücklich sein; wer aber gebende Hände hat, ist an jedem Tag des Jahres glücklich.

> Als Christen stellen wir uns manchmal vor, dass man, um eine Vision zu bekommen, irgendwo auf einen einsamen Berggipfel steigen muss.
> Dort muss man dann stundenlang auf eine Offenbarung warten, was wir mit unserem Leben anfangen sollen.

Nachdem ich die Gemeinde ein Jahr lang betreut hatte, entwickelten sich die Dinge in der Tat sehr positiv. Der *Bethel Temple* war jeden Sonntag voll, was zuvor jahrzehntelang nicht der Fall gewesen war, und die Menschen der Gegend begannen, sich unsere Vision zu Eigen zu machen. Unsere Mittel waren knapp, aber wir nutzten alles, was wir hatten, für den Dienst. Zum *Bethel Temple* gehörten einige Häuser in der Nachbarschaft, und wir gestatteten es einigen der Frauen und Männer, die Hilfe suchten, in diesen Häusern zu leben. Nach einiger Zeit hatten wir zehn Häuser, in denen Menschen wohnten, die lernten, ihre Suchtprobleme zu überwinden und für Gott zu leben.

Die Kirche war voll, die Häuser waren voll besetzt, und wir hatten keinen Raum mehr, um weiter zu wachsen. Während der ersten Monate in Los Angeles dachte ich, es würde ein Leben lang dauern, dieses alte Gebäude zu füllen. Wenn man mich nach meinem Lebenstraum gefragt hätte, so hätte ich geantwortet, dass ich mir wünschen würde, dieses Gebäude in den nächsten zehn Jahren zu füllen. Jetzt war es bereits nach einem Jahr so weit, dass wir größere Räumlichkeiten benötigten.

Als ich noch in den Gedanken verliebt war, Gemeindewachstum zu bewirken, tat sich gar nichts. Die Gemeinde wuchs nicht. Doch als ich meine Liebe zu den Menschen entdeckte und es mich mehr und mehr danach verlangte, ihnen in ihren Nöten zu begegnen, begann alles, zu wachsen und sich zu entwickeln. Statt Ideen nachzuhängen oder mit Gemeindewachstums-Konzepten herumzuprobieren, ist es manchmal besser, hinaus an die „Front“ zu gehen und sein Leben für Menschen hinzugeben. Wir selbst sind das beste Saatgut.

Heute träume ich davon, dass sich Gemeinden überall in Amerika dafür begeistern, den Menschen in ihren Nöten auf praktische Weise zu dienen. Genau das ist es, was wir brauchen, damit die nächste große Welle Gottes über uns kommen kann. Tauchen wir ein in die Welt der Menschen um uns herum!

Präsent sein

Die folgende Geschichte illustriert gut, worum es mir geht. Am ersten Tag nach meiner Ankunft in Los Angeles wurde ein junger Mann aus einem vorbeifahrenden Auto erschossen. Umgeben von Sanitätern lag er quasi neben den Stufen der Kirche, die ich gerade als angehender Pastor übernommen hatte. Doch alle Wiederbelebungsversuche blieben erfolglos, er starb – wieder wurde ein junger Mann zum Opfer der Gewalt auf den Straßen von Los Angeles.

An diesem Mittwochabend kamen nur fünf oder sechs Leute zu meinem ersten Gottesdienst. Während ich mich noch als neuer Pastor vorstellte, berichtete mir jemand, was geschehen war. Ich unterbrach meine Predigt und erzählte meiner neuen Gemeinde den schrecklichen Vorfall, der sich auf der anderen Straßenseite ereignet hatte. Ich wusste, dass sofort etwas geschehen musste. So erhob ich spontan ein Opfer von der kleinen Versammlung und sagte ihnen, ich würde bald zurück sein.

Ich nahm den geringen Geldbetrag, den wir gesammelt hatten, und ging über die Straße, erschrocken über den Anblick, der sich mir in der Nachbarschaft der Gemeinde bot. Ich klopfte an eine Wohnungstür, und sogleich öffnete ein stämmiger Farbiger, dessen Arme mit Tätowierungen bedeckt waren. Er gehörte zur selben Straßengang, der auch der ermordete junge Mann angehört hatte.

„Was willst du denn hier?", fragte er mich.

„Ich wollte mich nur vorstellen, ich bin der neue Pastor hier. Heute ist mein erster Tag. Ich möchte, dass ihr wisst, dass ich für euch und eure Familie da bin. Hier ist ein Opfer, das wir in der Gemeinde für euch eingesammelt haben, damit ihr wisst, dass wir euch helfen wollen", entgegnete ich.

Er starrte mich an, so als wolle er sagen: „Du bist der verrückteste weiße Typ, der mir je untergekommen ist."

Doch stattdessen bat er mich hereinzukommen.

Ich war mit einem einzigen Ansinnen zu ihm gekommen: Ich hatte herausfinden wollen, wo die Mutter des Jungen war, hatte ihr das Geld geben und mich dann so schnell wie möglich wieder verdrücken wollen. Es war nicht schwer zu erkennen, wer die Mutter war. Aus Trauer über den Verlust ihres Sohnes schrie sie hysterisch herum. Einige der Bandenmitglieder versuchten, sie zu trösten, aber sie schlug förmlich mit ihren Fäusten auf sie ein, so als wolle sie zeigen, dass sie ihren Trost nicht annehmen wollte. In ihren Augen waren sie verantwortlich für den Tod des Jungen. Sie tat mir so Leid!

Ich zitterte beinahe, als ich auf sie zuging, um ihr zu sagen, dass ich der neue Pastor sei und dass ich ihr etwas Geld als Zeichen unserer Anteilnahme überbringen wollte. Sie nahm das Geld dankend an, und ich verschwand, so schnell ich konnte, zur Tür heraus. Plötzlich griff der Größte aus der Bande nach meinem Arm und drehte mich zu sich. Ich schaute zu ihm hinauf, er schaute zu mir herunter. Ich betete im Stillen: „Ich habe immer von einem Ort gehört, der Himmel genannt wird. Reservier mir einen guten Platz, ich komme gleich!“ Ich dachte wirklich, ich sei so gut wie tot.

Ich betete im Stillen: „Ich habe immer von einem Ort gehört, der Himmel genannt wird. Reservier mir einen guten Platz, ich komme gleich!" Ich dachte wirklich, ich sei so gut wie tot.

Der Typ sagte: „Ich will, dass du hier bleibst und für uns betest!“ In diesem Moment hätte ich wohl alles getan, was er sagte, und so blieb ich und betete. Wir stellten uns in einen Kreis auf, fassten uns an den Händen, und ich begann mit einem einfachen Gebet: „Gott, sende deinen Frieden auf diese Familie." Dann kam jedoch etwas über mich, die Kühnheit Gottes erfasste mich, und ich betete weiter: „Herr, ich bete, dass nach dieser Tragödie keiner dieser jungen Männer mehr zu einer Bande gehört und dass sie dich kennen lernen." Der Händedruck des jungen Mannes neben mir wurde fester, und ich dachte, dass ihm mein Gebet wohl nicht gefallen hatte. Auch der Händedruck an meiner anderen Hand verstärkte sich, und ich dachte, ich würde möglicherweise ohnehin nicht mehr lange leben, sodass ich nun ruhig alles auf eine Karte setzen konnte. Ich betete mit noch mehr Kühnheit, und während ich das tat, wurden meine Hände mit denen der jungen Männer rechts und links hochgehoben, die damit wohl signalisieren wollten: „Wir schließen uns an!" Es war eine dramatische Szene, selbst Hollywood hätte sicher kein besseres Drehbuch dazu schreiben können. Doch das hier war die Realität. Ich leitete sie dann noch zu einem Lebensübergabegebet an. Alle beteten mit und luden Jesus in ihr Leben ein.

Seit diesem Tag hatte ich die besten Leibwächter der Stadt. Außerdem schien von diesem Tag an Friede durch unsere Gegend zu strömen. Die jungen Männer wurden gute Freunde von mir. Heute schaue ich zurück, und es amüsiert mich fast ein wenig, dass Gott mich – zitternd vor Furcht – gebrauchte, um diesen jungen Männern zu helfen. Es wirkt einfach grotesk. Ich habe aber gelernt, dass Liebe unbesiegbar ist. Sie ist und bleibt die stärkste Kraft.

Kapitel 4

Die Kirche, von der ich immer träumte

Als ich ein kleiner Junge war, tat mein Vater für mich etwas sehr Weises: Er ließ mir meine Träume. So abwegig sie auch waren, ich konnte meine Ideen immer mit ihm teilen. In meiner Kindheit fragte ich meinen Eltern Löcher in den Bauch und trieb sie damit manchmal schier zur Verzweiflung. Ich bin jedoch zutiefst davon überzeugt, dass Gott durch Menschen zu uns spricht und dass gerade auch die Träume unserer Kindheit nicht von ungefähr sind, sondern dass Gott sie uns schenkt.

Überall in der Bibel finden wir Beispiele dafür, wie Gott zu Menschen schon in sehr jungen Jahren über ihre Zukunft sprach: zu David, als er von Samuel gesalbt wurde, zu Jeremia, als er seine Berufung zum Predigen erhielt, und zu Johannes dem Täufer, der seinen Ruf bereits im Mutterleib empfing. Oftmals werden solche Jugendträume Wirklichkeit, wenn man junge Leute dazu ermutigt, sie mitzuteilen, so ausgefallen sie auch sein mögen. Menschen entwickeln sich in die Richtung, in der sie Bestätigung finden. Darum ist es wichtig, dass wir die Träume junger Männer und Frauen ernst nehmen, weil sie oft darauf hinweisen, was Gott in ihr Leben hineingelegt hat.

Eine Frage stellte ich meinem Vater besonders oft: „Dad, glaubst du, dass es möglich wäre, eine Gemeinde zu bauen, deren Türen rund um die Uhr geöffnet sind?" Mein Vater pflegte darauf zu antworten: „Davon habe ich noch nie gehört, aber warum wirst du nicht der Erste, der so eine Kirche gründet?" Ich glaubte fest, dass mit Gottes

Hilfe alles erreichbar ist. Nichts schien unmöglich. Schon als kleiner Junge beschäftigte ich mich mit der Idee, eine solche Gemeinde ins Leben zu rufen. Wo würde ich heute stehen, wenn mein Vater meine verrückten Gedanken nicht in dieser Weise unterstützt hätte? Aber Gott sei Dank stand er immer hinter mir.

Jemand an deiner Seite

Sport hatte das ganze Jahr über einen großen Stellenwert in meinem Leben. Mein Vater kam zu jedem meiner Wettkämpfe. Das war bemerkenswert, denn seine Pastorenstelle nahm ihn sehr in Anspruch. Trotzdem verpasste er fast nie ein Spiel und war selbst beim Training häufig anwesend. Jedes Jahr verlieh man ihm die Auszeichnung „Fan des Jahres". Wann immer ich ihn sah, hatte ich automatisch das Gefühl, gewinnen zu können oder zumindest nicht aufgeben zu müssen. So gab es beim Ringen einige Situationen, in denen ich schon auf dem Rücken lag und eine Niederlage unumgänglich schien. In diesen Augenblicken hörte ich die Stimme meines Vater, der mich anfeuerte. Das gab mir dann jenen unerwarteten Kraftschub, der mir doch noch die Oberhand über meinen Kontrahenten gab. Ich kämpfte nicht allein. Ich hatte jemanden, der an mich glaubte.

Egal, wie schwer die Situation ist, in der Sie sich befinden, wie allein Sie mit dem Aufbau Ihrer Gemeinde oder Ihrer Firma dastehen, wie aussichtslos Ihre finanzielle Lage aussehen mag, wie viele Freunde Sie verlassen haben oder was Ihr Problem sein mag – wenn Sie eine Person an Ihrer Seite haben, die an Sie glaubt, können Sie jede Situation in diesem Leben erfolgreich meistern. Und wenn Sie diese eine fixe Idee, diesen einen großen Traum hegen und niemals sterben lassen, wird der Tag kommen, an dem sich die Dinge zu Ihren Gunsten wenden und das Unmögliche möglich wird.

Manche Menschen geben niemals auf. Sie gehen auch da noch weiter, wo andere längst auf der Strecke geblieben sind. Durch ihre unglaubliche Ausdauer gelangen sie schließlich ans Ziel. Es gibt ein Sprichwort, das ich sehr liebe und das genau das zum Ausdruck bringt: „Erfolgreiche Menschen sind ganz gewöhnliche Leute, die niemals aufgeben.“ Dem kann ich nur zustimmen. Die Menschen, deren Träume sich erfüllen, sind die, die bereit sind, lange genug auszuharren, bis sie endlich Licht am Ende des Tunnels sehen. Wie viele große Träume bleiben unerfüllt, weil die, die sie träumen, nicht genügend Ausdauer mitbringen und zu früh aufgeben?

In der Bibel heißt es: „Siehe, wir preisen die selig, die standhaft ausgehalten haben“ (Jak 5,11; Herder). Das heißt, diejenigen, die im Kampf fest bleiben, werden am Ende große Freude erleben, wer aber kneift, erfährt nie, was Freude ist. Ein Traum hilft Ihnen, über sich hinauszuwachsen und Dinge zu erlangen, die jenseits Ihrer selbst liegen. Mein Traum hat mir immer wieder aufgeholfen, sodass ich die Hoffnung letztendlich nie verloren habe; er lässt mich durchhalten, wenn ich manchmal lieber aufgeben würde.

Neun Hektar Träume

Im Zuge unseres rapiden Gemeindewachstums im *Bethel Temple* erkannte ich sehr bald, dass wir dort nicht mehr lange würden bleiben können. Die Gegend im Umkreis des Gemeindegebäudes war nicht auf den Ansturm von Tausenden von Menschen eingerichtet, die die ganze Woche über zu jeder Tages- und Nachtzeit zu uns kamen. Nach etwas über einem Jahr waren wir den Räumen einfach entwachsen.

Die Menschen, deren Träume sich erfüllen, sind die, die bereit sind, lange genug auszuharren, bis sie endlich Licht am Ende des Tunnels sehen. Wie viele große Träume bleiben unerfüllt, weil die, die sie träumen, nicht genügend Ausdauer mitbringen und zu früh aufgeben?

Eines Tages fuhr ich die berühmte Autobahn nach Hollywood entlang und hielt nach neuen Gemeinderäumen Ausschau. Gerade zwei Meilen vom *Bethel Temple* entfernt wurde ich direkt an der Autobahn auf ein riesiges Gebäude aufmerksam. Einfach aus Neugier fuhr ich von der Schnellstaße ab und stieß auf ein Krankenhaus inmitten eines ausgedehnten Wohngebietes. Umgeben von Einfamilienhäusern und kleineren Wohnblocks wirkte das Krankenhaus irgendwie fehl am Platz. Später fand ich heraus, dass es bereits seit neun Jahren leer stand.

Ich parkte mein Auto im Eingangsbereich und lief auf dem Gelände umher. Es erschien mir unbegreiflich, dass eine solche Immobilie nicht genutzt wurde. Neben dem fünfzehnstöckigen Hauptbau existierten noch sechs große Nebengebäude auf insgesamt neun Hektar Grund und Boden.

Bisher hatte ich etwas traditionellere Vorstellungen von einem Gemeindegebäude gehabt; ein ausgedientes Krankenhaus zu nutzen wäre mir niemals in den Sinn gekommen. Aber die Möglichkeiten, die dieser Komplex barg, nahmen vor meinen Augen rasch Gestalt an.

Während ich auf dem Gelände umherwanderte, begegnete mir ein Wachmann, die einzige Person weit und breit. Ich schilderte ihm mein Interesse an diesem Objekt. Er zögerte zunächst ein Weilchen, entschied sich aber dann, mich die Räumlichkeiten sehen zu lassen. Nachdem er mich durch einige Türen begleitet hatte, konnte ich alles weitere allein erkunden. Welch ein Anblick! Die Fußböden waren schmutzig, die Wände von Graffitis verschmiert, sämtliche Lampen zerschlagen. Überall lagen alte Krankenakten verstreut auf dem Boden herum.

Jahrzehntelang hatte das Krankenhaus den Nöten der Leute gedient. Der Traum des *Queen of Angels*-Hospitals war 1925 im Herzen einer Franziskaner-Schwester geboren worden. Die Nonnen erbauten das Haus im wahrsten Sinne im Schweiße ihres Angesichts. Das Herzstück ihrer Vision war ein Ort, an dem den wirklich Armen der Region gedient und geholfen werden konnte.

Mehr als 60 Jahre lang war dieser Traum Realität gewesen. Viele Menschen, die in der Umgebung wohnten, waren in diesen Räumen geboren worden. Es mutete seltsam an, die leeren Hüllen einer Einrichtung zu durchstreifen, die einst so vielen Menschen geholfen hatte. Gedanken wie diese jagten durch meinen Kopf, während ich durch die Gebäude lief.

Die Frage ließ mir keine Ruhe: *Können diese alten Gebeine wieder zum Leben erweckt werden?* Und plötzlich wurde mir bewusst, dass der Traum, den ich mein ganzes Leben lang geträumt hatte, dabei war, in erreichbare Nähe zu rücken: „die Kirche, die niemals schläft" – jene Gemeinde, deren Tore sich 24 Stunden am Tag nicht schließen würden und über die ich schon als kleiner Junge mit meinem Vater an unseren Hamburger-Abenden gesprochen hatte.

Während ich nach und nach Stockwerk für Stockwerk durchstreifte, veränderte sich meine Perspektive. Plötzlich ging es nicht mehr darum, ein neues Kirchengebäude zu finden, sondern einen Ort, um Menschen zu dienen. *Im fünfzehnten Stock könnten wir Kinder unterbringen, die von zu Hause weggelaufen sind, im vierzehnten Stock unverheiratete Schwangere …* Träumen kostet schließlich nichts und so ließ ich meinen Gedanken freien Lauf.

Jeder weiteren Etage schrieb ich einen anderen Teil

meiner Vision zu. Ich stellte mir eine medizinische Abteilung vor, in der den körperlichen Nöten der Bedürftigen geholfen werden könnte, und ebenso ein Wohnheim für freiwillige Helfer, die in den Armenvierteln unserer Stadt dienen würden.

Zwei Stunden lang ging ich die einzelnen Gebäude ab. Aus den Einzelteilen formte sich langsam ein Gesamtbild. In diesem 40 000 qm großen Gebäude im Stadtkern ließe sich ein Zuhause für Obdachlose einrichten, eine Küche für die Armen, ein Ort der Liebe für die Anwohner und ein Licht für die Stadt. Freiwillige Helfer könnten wochen- oder monatsweise in den verschiedenen Bereichen mitarbeiten. Diese Gemeinde würde rund um die Uhr ihre Türen für die Nöte der Menschen geöffnet halten.

Die Vision offen legen

Ich bemerkte, dass in mir etwas geschah. Hier stand ich, als 20-jähriger Pastor, und sah zum ersten Mal den Ort, von dem ich schon als Junge geträumt hatte – eine Gemeinde, die mit der Urgemeinde in der Apostelgeschichte vergleichbar sein würde. Mein Gedankenkarussell drehte sich so schnell, dass mir fast schwindelig wurde. Gott war dabei, mir seine Absichten für meine Zukunft zu offenbaren.

Ich freute mich darüber, war mir aber zugleich bewusst, dass Träume immer nur der Anfang sind. Die Stunde der Wahrheit kommt in dem Moment, in dem wir unsere Visionen den Menschen um uns herum mitteilen müssen. In der Tat, unsere Gemeinde war schnell gewachsen. Der größte Teil der Mitglieder war jedoch arm, sodass weder durch den Zehnten noch durch Spenden größere Summen zusammenkamen.

So entschloss ich mich, meine Vision zunächst mit meinem Vater zu teilen. Er war in all den Jahren mein Mentor gewesen, deshalb sollte er zuerst davon erfahren. Mein Vater befand sich zu diesem Zeitpunkt gerade als Gastsprecher in Nashville. Ich passte ihn mit meinem Anruf auf seinem Weg vom Hotel in die Gemeinde ab. Aufgeregt erzählte ich ihm von dem Krankenhaus mit seinen enormen räumlichen Möglichkeiten und wie perfekt alles schien. Mein Vater beruhigte mich erst einmal und versprach mir, zum nächstmöglichen Zeitpunkt mein Traumobjekt zu begutachten. Kurze Zeit später durchstreiften wir gemeinsam die Örtlichkeiten. Mein Vater fing sofort Feuer. Vor ihm entfaltete sich dieselbe Vision, die ich zuvor gehabt hatte, nur dass ihm noch weitere Dienstzweige einfielen, die sich in diesen Räumlichkeiten verwirklichen ließen. Von diesem Tage an brannte die Vision in unseren Herzen.

Oft fuhr ich nachts auf das Krankenhausgelände und betete: „Herr, das Ganze erscheint unmöglich, aber ich bitte dich, gib uns dieses Haus!" Nacht für Nacht ließ mich der Gedanke nicht los, und ich träumte davon, diese alten Gebäude instand zu setzen, um sie für Arme, Kranke, Hilfsbedürftige und seelisch verwundete Menschen wieder zu öffnen und ihnen auf ganz praktische Weise die Liebe Jesu zu zeigen.

Die Kosten werden überschlagen

Wir waren entschlossen, diese Immobilie zu kaufen. Zu jenem Zeitpunkt lag der Preis bei vier Millionen Dollar. In der Vergangenheit hatte er mit 16 Millionen wesentlich höher gelegen. Aber die Jahre hatten an den Häusern ihre Spuren hinterlassen, und heute hatte selbst zu einem ermäßigten Preis niemand Interesse an dem Anwesen. In den letzten acht Jahren hatte Hollywood hier einige große Filme gedreht. Da das Gebäude ohnehin leer stand, konnten es die Produzenten ungehindert für ihre Zwecke umbauen.

> Einige Leute hielten uns schlichtweg für verrückt und warfen uns vor, unverantwortlich zu handeln. Auf der anderen Seite braucht es große Träume, um in einer riesigen Stadt wie Los Angeles eine positive Veränderung zu bewirken.

Anfangs schüchterte der hohe Preis meinen Vater und mich ein. Auch der Gemeinde erging es nicht anders. Die meisten von ihnen lebten von der Sozialhilfe. Viele waren bis vor kurzem obdachlos gewesen, und nun redeten wir plötzlich davon, ein Gebäude zu kaufen, dessen Preis sich auf stolze vier Millionen Dollar belief. Es war ein enormes finanzielles Risiko, aber die *Assemblies of God*, denen auch der *Bethel Temple* gehörte, waren bereit, sich auf unsere Pläne einzulassen. Der Vertrag, den wir mit ihnen aushandelten, beinhaltete eine Klausel, die festlegte, dass das Geld innerhalb von 18 Monaten zusammenkommen müsse. Andernfalls würde unser derzeitiges Gebäude zum Verkauf freigegeben werden müssen. Das Risiko war ohne Zweifel sehr hoch. Einige Leute hielten uns schlichtweg für verrückt und warfen uns vor, unverantwortlich zu handeln. Auf der anderen Seite braucht es große Träume, um in einer riesigen Stadt wie Los Angeles eine positive Veränderung zu bewirken.

In einem Stadtteil wie Hollywood kann man ohne eine große Vision nichts bewirken. Diese Gegend, die von rivalisierenden Straßenbanden terrorisiert wird, kann nur erreicht werden, wenn unsere Vision größer ist als die Macht der Zerstörung. Wir nahmen die Herausforderung an, und die Gemeinde entschloss sich, hinter uns zu stehen, um geistlich und finanziell das Unmögliche zu wagen.

18 Monate lang investierte mein Vater jeden Funken seiner Energie, um das nötige Geld aufzutreiben. Zu jeder sich bietenden Gelegenheit sprach er in Gemeinden über

unsere Vision, flog von einer Stadt zur anderen, bat um Spenden und band Menschen in unseren Traum ein. Oft fürchtete ich, er würde zusammenbrechen, wenn er sich nicht bald etwas Ruhe gönnte. Doch aus einer tiefen inneren Reserve mobilisierte er immer wieder neue Kräfte. Unsere gemeinsame Vision brannte in ihm. Monatelang war dies unser einziges Gesprächsthema. Täglich teilten wir am Telefon miteinander die Wunder, die wir erlebt, und die Niederlagen, die wir erlitten hatten. Wir waren ein Team und hatten ein gemeinsames Ziel. Gemeinsam freuten wir uns, wenn die Gelder flossen, und trauerten, wenn es so schien, als sei das Ziel nicht erreichbar. Aber niemals gaben wir auf.

Es ist im Leben immer besser, seinem Traum eine Chance zu geben, als in Mittelmäßigkeit zu verharren. Es ist besser, das schier Unmögliche zu wagen. Das Schlimmste, was passieren kann, ist, dass wir unser Ziel nicht erreichen und zum Ausgangspunkt zurückkehren müssen. Wenn eine Mannschaft mit einem Tor zurückliegt und kurz vor dem Schlusspfiff eine Möglichkeit zum Elfmeter bekommt, schlägt die Stunde der Siegertypen, der Menschen, die sagen: „Ich lasse mich am Ende lieber einen Versager schimpfen, als dass ich diese Chance auf den Sieg verstreichen lasse.“ Wir glaubten fest daran, dass Gott unsere Stadt erreichen wollte, und wir waren entschlossen, ihn auf die Probe zu stellen – oder vielleicht besser noch, uns von ihm auf die Probe stellen zu lassen. Und genau das tat er.

Erstaunliche Dinge geschahen! Jedes Mal, wenn wir sprichwörtlich mit dem Rücken zur Wand standen, erlebten wir finanzielle Wunder. Mal 20 Dollar, mal 50 Dollar, mal Tausende von Dollar – Gott benutzte Spenden jeder Größenordnung für die Finanzierung. Der Prozess wurde von Schweiß, Tränen und viel Herzblut begleitet. Die gesamten 18 Monate über mussten wir die Spannung aushalten, aber nachdem die Zeit um war, stand die Summe tatsächlich in voller Höhe zur Verfügung. Wir fühlten uns wie ein kleiner Junge, der gerne Eis kaufen möchte und alle seine Ersparnisse zusammenzählt. Der Betrag war exakt zusammengekommen, aber darüber hinaus hatten wir nichts übrig.

Nach Ablauf der vereinbarten Zeit gehörte uns das *Dream Center*. Die Gelder waren von vielen einzelnen Menschen aus dem ganzen Land zusammengetragen worden, die sich mit unserem Traum identifizieren konnten, eine Stadt durch Gottes Liebe erneuert zu sehen. Auch heute noch überlebt unsere Gemeinde Monat für Monat durch finanzielle Wunder, aber Gott ist immer treu.

Wenn ich über die damaligen Ereignisse nachdenke, bekomme ich noch heute feuchte Augen. Ein 20-jähriger Halbstarker und sein fast 60 Jahre alter Vater haben ihren Traum Wirklichkeit werden sehen. Als Pastor meiner wachsenden Gemeinde stand ich damals alleine da. Ich musste alle Entscheidungen treffen. Mein Vater kümmerte sich um die Finanzierung des *Dream Center* und half sowohl mir als auch den Mitarbeitern als geistlicher Mentor und Ratgeber. Aber über weite Strecken war ich auf mich selbst gestellt. Doch mit Gott sind uns alle Dinge möglich!

Nachdem uns das Gebäude offiziell gehörte, stieg ich auf das Dach des Hauptgebäudes und blickte über die schöne Silhouette der Stadt Los Angeles mit den Tausenden von kleinen Wohnhäusern, die sie umgeben. An jenem Tag machte ich Gott ein Versprechen. Weil er so treu mit uns ist und uns mit solchen Räumlichkeiten gesegnet hatte, sollte dieser Ort jedem Bedürftigen offen stehen, jedem Mädchen und jedem Jungen, die keine Eltern haben, jeder hungrigen oder müden Seele, jeder Person, deren Träume zerschlagen waren und die wieder lernen musste zu träumen.

So nannten wir diesen Ort *Dream Center*.

Kapitel 5

Das Wohl der Menschen

In Nehemia wird von folgender Begebenheit berichtet: „Sanballat, der Horoniter, und Tobija, der Knecht von Ammon, hörten davon. Es verdross sie sehr, dass da ein Mann kam, der sich für das Wohl der Israeliten einsetzte" (Neh 2,10; Einheitsübersetzung). Das Wort „Wohl" bedeutet Wohlergehen, Gesundheit, Wohlstand und Glück. Man kann also sagen, dass sich Nehemia um das Wohlergehen, die Gesundheit, den Wohlstand und das Glück des Volkes Israel bemühte. Meine Lieblingsleitungspersönlichkeit im Alten Testament ist Nehemia; und dies nicht nur, weil er es schaffte, in 52 Tagen die Stadtmauer wieder aufzubauen, sondern weil seine ganze Herzenshaltung stimmte.

Dem König fiel auf, dass Nehemia bedrückt war. Offenbar war dies nicht sein sonstiger Gemütszustand, denn der König fragte: „Was ist los mit dir, Nehemia?"

Nehemia antwortete: „Mein König, die Stadt, die ich liebe, ist zerstört, die Stadttore sind niedergebrannt, und das betrübt mich."

„Was möchtest du tun, Nehemia?", fragte der König.

„Ich bitte um die Erlaubnis, nach Hause zu gehen und beim Wiederaufbau meiner Stadt mitzuhelfen", entgegnete Nehemia.

Wir sehen hier, dass es Nehemia nicht darum ging, sich als großartiger Leiter einen Namen zu machen. Es schmerzte ihn, die Wunden seines Volkes sehen zu müssen. Er sah, dass sie Mangel litten, und es war sein Wunsch, ihnen zu helfen, so gut es in seiner Macht stand. Die Zerstörungen in der Stadt, ihre Armut, ihr verlorener Glanz, all dies berührte ihn zutiefst. Nehemia ging nicht zurück, um der zukünftige Führer seines Volkes werden, er ging, um zu dienen. Seine Absicht war es, beim Aufbau zu helfen und für sein Volk bessere Lebensbedingungen zu schaffen. Es ging ihm um das Wohl der Menschen.

Wahre Leiterschaft

Große Leiterpersönlichkeiten haben niemals mit der Absicht angefangen, Leiter zu werden. Ein echter Leiter erhebt sich niemals selbst, er wird von anderen in seine Position erhoben. Ein Beispiel für eine große Leiterfigur ist Nehemia. Er wurde zum Anführer des Volkes, weil er wusste, was wahre Leiterschaft bedeutet: den Menschen zu dienen.

Mit meinen damals gerade 20 Jahren war ich zwar Pastor, aber ich konnte nicht mit Macht die Führung an mich reißen. Ich musste mir den Respekt der Menschen verdienen. Das gelang mir, indem ich mich auf der Straße zu ihnen gesellte und ihnen diente. Ich gewann ihre Anerkennung, indem ich jeden Samstag hinausging, Straßen reinigte, Leute in ihren Häusern besuchte und mit anpackte, wo sie mich brauchten. Oft machen junge Mitarbeiter den Fehler, sich selbst als Leiter auszurufen. Sie genießen es, Macht, Kontrolle und Autorität über Menschen zu haben, weil sie damit ihr Ego aufwerten können. Oft vergessen sie, dass ihre Position nicht ihnen selbst dienen soll, sondern anderen.

Echte Leiter wollen eigentlich gar keine Leiter sein. Sie werden in ihre Position eingesetzt, weil sie anderen Liebe erweisen und ihnen dienen. Ein Titel allein macht niemanden zu einer Leitungspersönlichkeit. Es ist nicht der Titel, der eine Person zum Leiter macht, sondern die Persönlichkeit.

> Echte Leiter wollen eigentlich gar keine Leiter sein. Sie werden in ihre Position eingesetzt, weil sie anderen Liebe erweisen und ihnen dienen. Ein Titel allein macht niemanden zu einer Leitungspersönlichkeit.
> Es ist nicht der Titel, der eine Person zum Leiter macht, sondern die Persönlichkeit.

Nachdem wir das Krankenhaus erworben hatten, träumte ich davon, eine Gruppe von Menschen um mich zu sammeln, die meine Herzensanliegen teilten. Allein die Renovierung der Gebäude brachte eine Menge Arbeit mit sich; es lag eine lange Wegstrecke vor uns. Ich ging davon aus, dass es etwa fünf Jahre dauern würde, unsere Vision umzusetzen, aber Gott schickte mir ein Team von Mitarbeitern, denen das Wohl der Menschen wirklich am Herzen lag. Er sandte uns auch andere, die ihren persönlichen Vorteil suchten und sich gerne damit schmücken wollten, beim Wunder des *Dream Center* dabei zu sein. Die raue Wirklichkeit der Arbeit in den Elendsvierteln bringt jedoch schnell ans Licht, wer ein echter Leiter ist.

Die Pastoren von Hollywood

Wer ist wirklich ein Leiter? Als Pastor braucht man da nicht lange nachzudenken. Es sind jene, die Menschen treu lieben und dienen. Sie zeigen ihre Loyalität dem Pastor gegenüber, indem sie alle Gemeindemitglieder ohne Ansehen der Person achten. Es geht ihnen nicht darum, gesehen zu werden, sondern die anfallende Arbeit zu erledigen. Wenn wir nach den richtigen Qualitäten suchen, werden wir diese Menschen, deren Verhalten beispielhaft ist, in unserer Umgebung schnell ausfindig machen.

Nicht lange, nachdem wir in unsere neuen Räumlichkeiten umgezogen waren, tauchte ein Mann in meinem Büro auf. Sein Äußeres war bescheiden, und er hatte die angenehmste Stimme, die ich je gehört hatte. Er versuchte nicht, mich zu beeindrucken, sondern wollte mir einfach seine Vision mitteilen. Er kam nicht wie jemand, der mir etwas verkaufen wollte und nun versuchte, mich mit Tabellen, Statistiken und einer geschickten Präsentation einzuwickeln. Aus ihm sprach schlicht und einfach tiefe Barmherzigkeit.

Clayton Golliher erzählte mir, dass er die vergangenen 17 Jahre auf den Straßen von Hollywood gearbeitet hatte. Sein Arbeitsfeld waren die weggelaufenen und abgeschriebenen Kinder und Jugendlichen des Hollywood Boulevard. Viele Nächte lang hatte er die finsteren Hinterhöfe abgesucht und sich um die kleinen Kinder gekümmert, die in Mülltonnen leben. Er brachte ihnen zu essen, manchmal legte er sich sogar auf das Pflaster und verbrachte die Nacht neben ihnen, um sich mit ihnen zu identifizieren. Er lebte dafür, all den Jugendlichen zu dienen, die einst auf der Suche nach der Verwirklichung ihres Traumes nach Hollywood gekommen waren, der sich dann unversehens in einen Alptraum verwandelte: ein Leben in Obdachlosigkeit auf kalten Straßen, die doch anfangs so schillernd ausgesehen hatten.

Über Jahre hinweg durchstreifte er die Straßen, verkündete die gute Nachricht von Jesus Christus und half Jugendlichen. Er nahm sie in sein Haus auf, aber seine Möglichkeiten waren einfach sehr beschränkt. Eigentlich hatte er gar keine geeigneten Räumlichkeiten, um die Kinder unterzubringen.

Clayton ist ein moderner Held, ein Heiliger auf Hollywoods Straßen. Wenn Sie einmal auf dem Hollywood Boulevard sind, können Sie ihn in Aktion erleben, wie er mit einem Punk oder einer Prostituierten redet oder versucht, einem Jungen Mut zu machen, der in einer Mülltonne sitzt.

Nachdem ich seine Geschichte gehört hatte, wusste ich, dass er einer jener Leiter war, nach denen ich suchte. Ich wusste, er gehört in unser Team, und von jenem Tag an war er ein Mitarbeiter unserer Gemeinde. Jeden Donnerstagabend bringt er eine Busladung von Jugendlichen, die auf der Straße leben, mit zu uns in den Gottesdienst. Einige von ihnen haben seit einer Woche nicht mehr geduscht. Manche von ihnen kommen sogar „high" zur Kirche. Einmal brachte ein Junge seine Schmuseratte mit, aber Clayton sitzt neben ihnen und ist ihr Freund. Clayton ist einer von denen, die nach Hollywood kommen, um das Wohlergehen der Menschen zu suchen.

Unsere Dienstphilosophie

Nehemia wurde deshalb ein großer Leiter, weil es für die Leute sichtbar war, dass er mit seinem ganzen Herzen für sie da war. Er arbeitete mit den Menschen zusammen und das machte seinen Erfolg aus. Jeder in unserem Stadtteil weiß, worum es in unserer Gemeinde geht. Viele von ihnen sind keine Christen, aber sie kennen die Dienstphilosophie unserer Kirche. So teilen wir jede Woche mehrere Lkw-Ladungen von Nahrungsmitteln an Zehntausende von Menschen aus. Woche für Woche halten wir Gottesdienste in 30 ärmeren Stadtvierteln von Los Angeles ab, mit denen wir besonders Kinder und Familien erreichen. Täglich führen wir Einsätze durch: Jeden Mittag um ein Uhr versammeln sich Mitarbeiterteams unserer Gemeinde, um in die Straßen hinauszugehen und Kindern und Familien zu dienen, und wir versorgen täglich Tausende von Obdachlosen, die unter Brücken hausen, mit Nahrung.

Die Hauptaufgabe für meinen Vater und mich besteht darin, die Nöte in unserer Stadt aufzuspüren. Unsere Gemeinde hat zum jetzigen Zeitpunkt mehr als 200 Dienstzweige. Die meisten von ihnen wurden begonnen, nachdem wir die jeweilige Not identifiziert hatten und uns darüber klar geworden waren, wie man ihr begegnen könnte.

Seit der Gründung des *Dream Center* ist die Verbrechensrate in unserem Stadtteil drastisch zurückgegangen. Allein die Anzahl der begangenen Morde sank in den letzten vier Jahren um 73 Prozent. Natürlich können wir nicht alle Menschen davon abhalten, ein Verbrechen zu begehen, aber wir haben erlebt, dass die Atmosphäre in einem Stadtteil sich ändert, wenn Tag für Tag, Woche für Woche ohne Unterlass Hunderte von Menschen die Nachbarschaft mit liebevoller Fürsorge überschwemmen.

Als ich vor einigen Jahren anfing, in dieser Gegend zu arbeiten, liefen Nacht für Nacht dieselben Szenen ab: Ein Polizeihubschrauber kreiste über unseren Köpfen und suchte nach jemandem, es fanden Schießereien in den Straßen statt, junge Männer standen mit erhobenen Händen vor einem Polizeiauto aufgereiht. All das hat sich völlig gewandelt. Natürlich gibt es ab und zu noch einmal Ärger, aber im Großen und Ganzen weht hier durch die beständige Präsenz von Liebe, Großzügigkeit und selbstlosem Dienst ein anderer Wind.

„Natürlich können wir nicht alle Menschen davon abhalten, ein Verbrechen zu begehen,
aber wir haben erlebt, dass die Atmosphäre in einem Stadtteil sich ändert,
wenn Tag für Tag, Woche für Woche ohne Unterlass Hunderte von Menschen die Nachbarschaft
mit liebevoller Fürsorge überschwemmen.

Echte Erweckung

Es wird heutzutage viel über Erweckung und die Veränderung unserer Städte geredet. Irgendwie erwarten wir, dass das, was wir erhoffen, einfach vom Himmel fallen wird. Aber die Realität sieht anders aus. Es gibt keine Abkürzung zu echter Erweckung. Es braucht viel Gebet und eine große Anzahl von Menschen, die bereit sind, sich die Hände schmutzig zu machen, und zwar Tag für Tag. Es mag sein, dass wir Gottes Gegenwart in einer besonderen Weise im Gottesdienst erleben, aber das können wir noch nicht Erweckung nennen, solange sich die Lebensbedingungen in unseren Städten in der Folge nicht verändert haben.

Echte Erweckung beginnt für mich da, wo die Verbrechensrate sinkt, wo sich in unseren Stadtteilen die Lebensbedingungen zum Besseren wenden, wo die Menschen aus der Nachbarschaft beginnen, in die Kirche zu strömen, und wo sich die geistliche Atmosphäre in einer Region zum Positiven verändert.

In der Apostelgeschichte gab es Erweckung, aber Voraussetzung dafür war die tiefe Bereitschaft zur Hingabe bei den Aposteln, die der Erfüllung mit dem Heiligen Geist folgte. Nach der Erfüllung mit dem Heiligen Geist gingen diese Männer hinaus, gründeten Gemeinden und Dienste und veränderten die Welt. Sie gaben alles hin, was sie hatten. Nichts weniger wird es brauchen, um unsere Städte zu verändern: Es braucht Leiter, die den Wunsch haben, sich hinzugeben, die bereit sind, ihr Leben für das Wohl eines Stadtteils oder einer Stadt einzusetzen.

„Was bringst du dem König mit?"

Es gibt eine Geschichte, die ich sehr mag. Sie berichtet von einem älteren Mann, der an einem kalten Winterabend in den Straßen von Chicago unterwegs war. Es war Heiligabend, und er war auf dem Weg zu einer örtlichen Missionseinrichtung, wo er hoffte, etwas zu essen zu bekommen. Er bekam eine bescheidene Mahlzeit, und nachdem er satt war, machte er sich wieder auf den Weg nach draußen.

Plötzlich fiel sein Blick auf ein Schild, das draußen angebracht war: „Was bringst du dem König mit?" Er machte auf dem Absatz kehrt und ging wieder hinein, um eine Spende zu machen. Er griff in seine Tasche, holte etwas Kleingeld heraus und legte es in den zum Sammelbehälter umfunktionierten Mülleimer. Nachdem er sein Gewissen beruhigt hatte, ging er wieder seiner Wege. Er war schon eine ganze Strecke gegangen, aber seine Gedanken kreisten immer wieder um die Aufschrift auf dem Schild: „Was bringst du dem König mit?" Also kehrte er erneut um, griff wieder in seine Tasche, doch es fand sich kein Geld mehr darin. Er war ein wenig betreten; er musste einfach etwas geben – aber was? *Dann gebe ich mich eben selbst!,* dachte er bei sich. Er hob einen Fuß, machte einen großen Schritt und stieg über den Rand des Behälters, dann den anderen und stand schließlich mit beiden Füßen in dem alten Mülleimer. Können Sie sich diesen Anblick vorstellen? Dieser Mann hatte verstanden, worum es ging.

Wenn Sie denken, Sie hätten nichts zu geben, wenn Sie glauben, Sie seien zu unbegabt, um etwas beizutragen, dann geben Sie doch einfach sich selbst. Legen Sie Ihr Leben für andere hin. Setzen Sie all Ihre Hoffnungen und Träume ein, um das Leben anderer Menschen zum Besseren zu wenden, und warten Sie ab, was Gott aus Ihrem Leben machen wird. Sie brauchen weder eine besondere Ausbildung noch Talente oder eine charmante Ausstrahlung, damit Gott Sie gebrauchen kann. Nur verfügbar müssen Sie sein.

> Wenn Sie denken, Sie hätten nichts zu geben, wenn Sie glauben, Sie seien zu unbegabt, um etwas beizutragen, dann geben Sie doch einfach sich selbst. Legen Sie Ihr Leben für andere hin. Setzen Sie all Ihre Hoffnungen und Träume ein, um das Leben anderer Menschen zum Besseren zu wenden, und warten Sie ab, was Gott aus Ihrem Leben machen wird.

Jeder ist in einen Dienst eingebunden

Das Geheimnis unserer Gemeinde ist, dass jedes unserer Gemeindemitglieder Teil eines Dienstes ist. Jeder hat den Wunsch, anderen zu helfen. Vor jedem Gottesdienst stehen etwa 70 Leute aus unserer Gemeinde vor der Tür aufgereiht, um die Besucher willkommen zu heißen. Es geht darum, den Leuten den Eindruck zu vermitteln, dass sie angenommen sind und dass es uns darum geht, sie aufzubauen. Die Leute, die zu uns kommen, sagen uns regelmäßig, dass sie noch nie zuvor eine solche Freude erlebt hätten. Unsere Leute sind darin geübt, das Wohl anderer zu suchen. Wir sind eine Gemeinschaft mit einem gemeinsamen Anliegen. Es verfolgt nicht jeder seinen eigenen Traum, sondern wir alle verfolgen unseren Traum gemeinsam.

Es spielt keine Rolle, wie lange es dauert, unsere Pastoren sind die Letzten, die nach dem Gottesdienst nach Hause gehen. Sie begrüßen Leute und beten mit Einzelnen, bis auch der Letzte gegangen ist. Die wichtigste Predigt wird nicht von der Kanzel gepredigt, sondern nach dem Gottesdienst im Gespräch und im Umgang mit den Leuten. Das Wesentliche ist, mit den Besuchern in Kontakt zu kommen. Auch das ist eine jener Lektionen, die ich von meinem Vater gelernt habe. Regelmäßig stand er draußen vor der Tür und begrüßte einzelne Leute. Und regelmäßig waren er und ich die Letzten, die in der Kirche die Lichter ausmachten. Im Dienst für Jesus geht es um Menschen!

Eines der Teenager-Mädchen, die in unsere Gemeinde kommen, ist Jessica. Sie wuchs auf den Straßen von Los Angeles in der Nähe des großen Coliseum-Stadions auf. Sie war Teil einer Jugendgang und trieb sich mit den anderen herum. Sie war schon einige Male mit einem unserer Busse mitgekommen und hatte an unseren Jugendgottesdiensten teilgenommen. Eines Abends nahm sie Jesus als ihren Herrn und Erlöser an.

Unser Jugendpastor stand auf und sagte: „Wenn hier jemand ist, der von irgendetwas loskommen möchte, dann soll er jetzt Gott um die Kraft dazu bitten." Sie sagte ihm, dass sie zu einer Jugendbande gehöre und diese verlassen wolle. Doch als der Pastor sie zu diesem Schritt ermutigte, fing sie an zu weinen und sagte: „Damit ich die Bande verlassen kann, muss ich mich ‚herausprügeln' lassen." Sie beschrieb das Ritual: Die Mitglieder der Bande umringen die Person, die die Gruppe verlassen will, und schlagen eine Minute lang auf sie ein. Nachdem sie ihre Prügel bezogen hat, ist sie frei zu gehen. Das war der einzige Weg.

Das Mädchen bat den Jugendpastor darum, ihr beizustehen und ein Auge darauf zu haben, dass die Dinge nicht aus dem Ruder geraten und jeder den Banden-Codex beachten würde. Der Jugendpastor tat sein Bestes, um der Gang die Sache auszureden, jedoch ohne Erfolg. So stand er daneben und musste zuschauen, wie Jessica verprügelt wurde. Obwohl ihr das Blut aus Platzwunden im Gesicht lief, sah sie aus wie ein Engel, als sie verkündete, dass sie nun zu Jesus gehöre und nicht mehr zur Bande.

Manche können vielleicht nicht verstehen, wie ein Pastor bei einer solchen Aktion einfach danebenstehen und zuschauen kann, aber dieses „Herausprügeln" aus Straßengangs ist einfach ein Stück der rauen Wirklichkeit in der Welt hier bei uns. Hätte Jessica versucht, der Prozedur auszuweichen, hätte die Bande sie verfolgt, bis sie sich schließlich doch auf den einzig möglichen Weg eingelassen hätte, den die Bande akzeptiert – das „Herausprügeln". Der Jugendpastor war dabei, um sicherzustellen, dass die Gruppe sie danach auch wirklich freigeben würde.

Wir leben für diese Menschen. Und wir kämpfen für solche Mädchen. Ich denke an jedem meiner Tage an diese Jessicas und viele andere wie sie, und das hilft mir, die richtige Perspektive zu bewahren. Ob ich im Büro arbeite, anderen Ratschläge gebe, predige, immer stehen sie vor meinem inneren Auge. Das hilft mir, weiterzumachen und mich weiter zu verschenken.

Zahllose Menschen geben ihren Traum auf, weil sie einen falschen Blickwinkel haben. Anstatt weiterzugehen, weil sie wirklich den Menschen verpflichtet sind, geben sie auf, weil es keine sichtbaren Ergebnisse gibt. Mein Vater gebraucht immer ein Sprichwort, das ich mir zu Eigen gemacht habe: „Ich werde niemals Menschen benutzen, um mein Werk aufzubauen, ich werde mein Werk benutzen, um Menschen aufzubauen." Er meint damit: „Ich werde meinen Aufgabenbereich im Reich Gottes so ausfüllen, dass damit dem Wohl anderer gedient ist."

Der Traum eines Lehrers

Es gibt im Rahmen des *Dream Center* eine christliche Schule für Kinder aus den Armutsvierteln der Stadt. Einmal im Jahr helfe ich als Vertretungslehrer aus und ich brauche immer viel Gebet für diese Aufgabe. Eine Stunde lang biete ich den Schülern eine offene Diskussionsrunde an, in der sie alle möglichen Fragen loswerden können. Die meisten unserer Schüler – genauer gesagt etwa 75 Prozent – werden von allein stehenden Eltern erzogen. Einmal bat ich die Kinder, mir einer nach dem anderen ihre Träume zu erzählen. Nacheinander hörte ich mir die Geschichten an; alles war vertreten, von Berufsathleten über Modedesigner bis zu Meeresbiologen.

Ich machte ihnen Mut, ihren Träumen auf der Spur zu bleiben und sich niemals davon abbringen zu lassen. Als ich die Diskussion zum Abschluss brachte, fragte mich ein Junge: „Und was ist Ihr Traum, Pastor Barnett?“ Die Frage traf mich unvorbereitet. Ich wusste natürlich ein paar Dinge, die ich erreichen wollte, und Träume, die ich in der Gemeinde gerne verwirklicht sehen würde. Doch ich wollte ihm gerne das mitteilen, was wirklich mein allergrößtes und wichtigstes Anliegen ist. Ich dachte einen Moment lang an die Dinge, die ich soeben gehört hatte, und plötzlich fiel mir die Antwort nicht mehr schwer. Als ich diese kostbaren Schüler vor mir sah, die alle in zerbrochenen Familien aufwuchsen, stiegen mir Tränen in die Augen. Ich lächelte und sagte: „Mein Traum ist es zu erleben, dass alle eure Träume Wirklichkeit werden.“

Kapitel 6

„Gott glaubt an dich – und ich auch“

Unter all den Männern der Bibel, die ich bewundere, gibt es auch einen, der kein bekannter Leiter oder Apostel war. Er hat kein bedeutendes Buch der Bibel verfasst und gehörte auch nicht zu denen, die den Dienst Jesu noch mit eigenen Augen gesehen hatten. Sein Name war Barnabas.

Einer, der die Welt veränderte

Lassen Sie mich erst ein paar Worte darüber sagen, was Barnabas für Paulus bedeutete. Der Apostel Paulus veränderte die Welt, weil er das Evangelium in die westliche Welt zu den Nichtjuden brachte, nach Europa – und von Europa kam es zu uns. Doch Barnabas spielte eine überaus bedeutsame Rolle im Leben des Saulus von Tarsus, der später als Paulus bekannt wurde.

Saulus von Tarsus war ein Pharisäer, der die Anhänger Jesu Christi verfolgte und drohte, sie umzubringen. In einigen Fällen führte er sogar Aufsicht darüber, wie Christen getötet wurden. Er tat dies, weil er es für eine gerechte Sache hielt. Er sah es als seinen Auftrag an, die Christen zu vernichten.

Eines Tages war er auf dem Weg nach Damaskus, um dort sein Werk fortzusetzen. Auf dem Weg dorthin hatte er eine erstaunliche Vision (vgl. Apg 9,1–31). Plötzlich umgab ihn ein helles Licht. „Eine Stimme sprach zu ihm:

Saul, Saul, warum verfolgst du mich? Er antwortete: Wer bist du, Herr? Dieser sagte: Ich bin Jesus, den du verfolgst."

Etwas sehr Reales geschah mit ihm: Er wusste, dass Gott zu ihm gesprochen hatte. Er antwortete: „Herr, was willst du von mir?" Er war gerade ein Nachfolger Jesu Christi geworden und wollte schon mit seinem Dienst beginnen. Es waren noch keine zehn Minuten seit seiner Umkehr vergangen, da wollte er schon evangelisieren.

Saulus wurde auf Grund dieser erstaunlichen Erfahrung gerettet und dann getauft und mit dem Heiligen Geist erfüllt. Er begann, in Synagogen zu predigen. Als Pharisäer war er natürlich in den Synagogen willkommen. Er war ein bedeutender Mann und konnte dort jederzeit das Wort ergreifen. So stand er auf und sagte etwas, das sich in etwa so angehört haben mag: „Schauen wir doch mal ins Alte Testament. Nehmen wir Jesaja 53. Ich habe gerade den Mann getroffen, von dem in diesem Kapitel des Propheten die Rede ist. Er ist mir auf dem Weg hierher begegnet." Seine Predigt erzürnte die Leiter der Synagoge, die nicht an Jesus von Nazareth glaubten. Sie verfolgten Saulus und versuchten, ihn zu töten.

So musste Saulus nach Jerusalem zurückkehren. Ein großes Problem war nur, dass die Christen dort Angst vor ihm hatten. Das überrascht natürlich nicht. Nehmen wir mal an, in Ihrer Stadt gäbe es jemanden, der Christen verfolgt, und auf einmal wollte dieser Betreffende in Ihrer Gemeinde predigen. Sie würden sicherlich sagen: „Nein, vielen Dank! *Sie* werden nicht bei uns predigen!" Man misstraute Saulus. Man glaubte nicht, dass er es ernst meinte, und bezweifelte sogar, dass er überhaupt ein Christ war. Nun kommt mein Lieblingsheld, Barnabas, ins Spiel. Barnabas glaubte ihm. Er stellte sich zu Saulus und trat vor der Gemeinde für ihn ein: „Ihr müsst diesen Mann anhören!"

Barnabas genoss großes Ansehen. Man hörte auf ihn und sein Wort hatte Gewicht. Hätte Barnabas Saulus nicht geglaubt, dann könnte es sein, dass wir heute nichts von Gott wüssten. Doch, Gott sei Dank, glaubte er dem Neubekehrten und deshalb kam das Evangelium in die westliche Welt.

Doch das ist noch nicht alles! Johannes Markus war ein Neffe von Barnabas. Als der Apostel Paulus seine erste Missionsreise antrat, nahm er Johannes Markus mit. Sie reisten überall herum, predigten auf Zypern, in Antiochien, Derbe und Lystra. Dann kehrten sie zurück, um der Gemeinde über den Ausgang der Reise zu berichten.

Nach einiger Zeit stand ihre zweite Missionsreise an und Barnabas sagte: „Es ist Zeit, dass wir uns wieder auf die Reise machen. Also, Paulus, lass uns mit Johannes Markus zusammen losziehen." Doch Paulus weigerte sich, Johannes Markus mitzunehmen. Der Grund war, dass dieser auf der letzten gemeinsamen Reise vorzeitig zurückgekehrt war und Paulus in Pamphylien allein gelassen hatte. Es ist nicht bekannt, warum Johannes Markus abreiste. Vielleicht fürchtete er sich vor den wilden Raubtieren, vielleicht litt er auch einfach unter Heimweh. Auf jeden Fall war er zurückgekehrt. Paulus wollte ihn nun nicht mehr mitnehmen, weil er das Gefühl hatte, dass Johannes Markus ihm den Rücken gekehrt und sich wie ein Feigling verhalten hatte, gerade als die Dinge sich zugespitzt hatten.

Barnabas und Paulus hatten eine scharfe Auseinandersetzung. Schließlich entschloss sich Barnabas, Johannes Markus mitzunehmen, während Paulus Silas zu seinem Begleiter auswählte (Apg 15,36–40). Ich habe natürlich Verständnis dafür, dass Paulus sich aufregte, aber Barnabas hatte in dieser Situation Recht. Warum? Weil er an Johannes Markus glaubte. Denken Sie einmal einen Moment darüber nach! Wäre Barnabas nicht gewesen, gäbe es keinen Apostel Paulus, dem wir alle so viel zu verdanken haben. Und wäre Barnabas nicht gewesen, gäbe es auch keinen Johannes Markus, der später das zweite der vier Evangelien schrieb. Diese beiden Männer beeinflussten den Lauf des Christentums und unserer ganzen Zivilisation, und das alles, weil Barnabas den Mut hatte, an sie zu glauben.

„Wir glauben an Sie“

Hinter jeder erfolgreichen Person steht jemand, der an sie geglaubt hat. Ich bin überzeugt, dass jeder junge Mensch einen guten Weg einschlagen würde, wenn er wüsste, dass jemand ihn wirklich liebt und an ihn glaubt. Oft erzähle ich den Teenagern unserer Nachbarschaft, wie viel ich ihnen zutraue. Immer wieder verändert sich daraufhin ihr ganzer Ausdruck, und nicht selten ermöglichen ihnen diese Ermutigungen, sich als Person auf eine Neuorientierung einzulassen. Viele junge Leute in unserer Gegend wa-

Hinter jeder erfolgreichen Person steht jemand, der an sie geglaubt hat. Ich bin überzeugt, dass jeder junge Mensch einen guten Weg einschlagen würde, wenn er wüsste, dass jemand ihn wirklich liebt und an ihn glaubt.

chen bei allein erziehenden Eltern auf, ihre Eltern sind häufig Alkoholiker oder drogenabhängig. Wenn wir ihnen sagen, dass wir an sie und ihre Fähigkeiten glauben, sind wir oft die Ersten in ihrem Leben, die ihnen eine solche Art von Bestätigung vermitteln.

In unserer Nachbarschaft gehören Drogenabhängigkeit

und -missbrauch zu den alltäglichen Problemen. Als Pastor darf ich aber niemals die Hoffnung aufgeben. Ich muss den Glauben mitbringen, dass jedes unverheiratete, schwangere Mädchen die Fähigkeit in sich trägt, ein reines, Gott hingegebenes Leben zu führen. Ebenso möchte ich jedem drogenabhängigen jungen Mann, der an unserer Reha teilnimmt, mit dem Glauben begegnen, dass sich sein Leben vollständig verändern kann.

Wenn wir Menschen etwas zutrauen, setzt das die Kraft zur Veränderung in ihnen frei. Unser Stadtteil kann gerettet werden. Ich glaube, dass es möglich ist, von Drogen freizuwerden, und ich möchte erleben, wie die Menschen in Los Angeles sagen, dass es da eine Gegend in der Stadt gibt, in der für jeden eine Hoffnung besteht. Ohne diese Hoffnung werden wir keine großen Veränderungen in unserer Welt sehen.

Was ist echte Hoffnung? Wir sehen sie in Mose, der Josua Mut macht, das Volk aller Hindernisse zum Trotz ins Gelobte Land zu führen. Wir sehen sie in Jesus, der den verschlagenen Steuereintreiber Matthäus zur Nachfolge beruft.

Wir sehen sie wiederum bei Jesus, der Zachäus aus seinem Versteck im Baum herabruft, weil er mit ihm zusammen zu Abend essen möchte. Und schließlich sehen wir sie auch darin, dass Jesus einer Gruppe gewöhnlicher Fischer und Bauern zutraut, außergewöhnliche Dinge zu tun.

Mutter Teresa hat die Welt in einer Weise berührt wie nur wenige vor ihr. Dabei durfte sie am Anfang ihrer Ordenszeit noch gar nicht unter den Armen arbeiten, obwohl dies ihr größter Wunsch war. Sie unterrichtete an einer Schule für Mädchen reicher Eltern. In ihrer Biografie können wir nachlesen, wie sie oft aus ihrem Fenster zu den Armen und Behinderten auf der Straße hinüberschaute und sich sehnlichst wünschte, etwas für sie tun zu können. Immer wieder bat sie ihre Vorgesetzten um eine Veränderung ihres Arbeitsfeldes und bekam nie die Möglichkeit, bis ihr eines Tages ein Priester die Chance einräumte, mit den „Ärmsten der Armen“ zu arbeiten. Mutter Teresa fing einen großartigen Dienst an, doch dies wurde nur möglich, weil es einen Priester gab, der an sie glaubte.

Das Evangelium ist in dieser Hinsicht eigentlich die schönste Geschichte von allen – ein Erlöser, der sich zu seinem geliebten Volk stellte. Er war sogar bereit, sein Leben für sie zu geben. Auch wir Christen neigen leider dazu, ständig danach Ausschau zu halten, was der andere in letzter Zeit für uns getan hat. Dabei sollte es uns überhaupt nicht kümmern, was andere für uns tun. Vielmehr sollten wir selbst treu zu anderen stehen und ihnen dabei helfen, ihre Träume zu verwirklichen.

Beharrlicher, konsequenter Glaube

Ken, ein Mitglied unserer Gemeinde, besuchte jede Woche Omar, und das nahezu drei Jahre lang. Dieser war eigentlich ein netter junger Mann, aber er gab sich mit den falschen Leuten ab. Fast jeden Abend fand in seiner Wohnung irgendein wildes Gelage statt. Er war ein Anführer in seiner Gegend und viele Bandenmitglieder trafen sich in seiner Wohnung zum Trinken. Oft wurde er in die Gemeinde eingeladen, aber immer lehnte er freundlich ab.

Viele der jungen Leute, die auf den Straßen von Los Angeles aufwachsen, sind sehr rau in ihrem Auftreten, aber wenn sie merken, dass sie wirklich geliebt werden, zeigen sie großen Respekt. Diesen Respekt muss man sich jedoch verdienen, indem man beharrlich Woche für Woche eine Beziehungen zu ihnen aufbaut und ihnen zeigt, dass man sie wirklich schätzt und sie nicht nur Missionsobjekte sind.

Ken besuchte Omar mit dieser treuen Beharrlichkeit jahrelang, bis dieser schließlich eines Sonntags in unserer Gemeinde auftauchte. Zwar vertraute er Christus nicht sein

Leben an, aber ihm gefielen der Gottesdienst, die Musik und die Begeisterung der Leute. Er kam mehrmals zu Besuch. Ich machte mir um Omar Sorgen und hoffte immer, dass es eines Tages bei ihm „klick“ machen und er sein Leben Gott anvertrauen würde.

Einmal sah ich ihn gegen Ende des Gottesdienstes in der Menge sitzen und rief ihn nach vorne auf die Bühne. Er war völlig verschreckt, weil er nicht wusste, was ich mit ihm anstellen würde. Ich zog mein neues Jackett aus und schenkte es ihm. Ich sagte ihm, dass dieser Jacke nichts Besonderes oder Magisches anhaftete, sondern dass ich ihm einfach nur zum Ausdruck bringen wollte, dass ich hinter ihm stand und an ihn glaubte. Jedes Mal, wenn er diese Jacke trug, sollte er sich daran erinnern.

Seit diesem Tag ist Omar ein Bündel Dynamit für Gott. Jeden Samstag ist er mit mir auf Straßeneinsätzen unterwegs und erzählt den Menschen leidenschaftlich davon, wie Gott sein Leben verändert hat. Wenn er die Leute dann wissen lässt, wo er wohnt, sind sie oft verblüfft und sagen: „Ich wusste gar nicht, dass es für irgendjemanden, der dort wohnt, Hoffnung gibt.“ Jeder, der beobachtet hatte, was für Dinge sich in diesem Haus abspielten, konnte kaum fassen, welch eine Veränderung dort seither geschehen ist. Ich bin überzeugt, dass Omar noch eine mächtige Kraft für Gott und für eine Veränderung zum Guten in unserer Gegend entfalten wird.

Viele Gemeinden haben überall im Land damit begonnen, obdachlose Menschen mit Bussen in ihre Gottesdienste zu holen. Aber wenn sich diese Leute dann danebenbenehmen und Gemeindemitglieder anfangen, sich zu beschweren, werden solche Bemühungen allzu oft wieder fallen gelassen. Geben Sie niemals auf! Wenn Sie beharrlich an die Menschen glauben, denen Sie dienen, wird irgendwann ein Veränderungsprozess einsetzen, der selbst die größten Optimisten in Staunen versetzt.

> Wenn Sie beharrlich an die Menschen glauben,
> denen Sie dienen,
> wird irgendwann ein Veränderungsprozess einsetzen,
> der selbst die größten Optimisten in Staunen versetzt.

Hoffnung für scheinbar hoffnungslose Fälle

Ich habe zu viel gesehen, um noch an aussichtslose Fälle zu glauben. Vor einigen Jahren kam ein Mann in unsere Gemeinde, der 35 Jahre lang drogenabhängig gewesen war. Billy war professioneller Musiker und spielte Lead-Gitarre in einigen bedeutenden Musikproduktionen. Drogen verwüsteten Billys Leben, bis ihn nicht mehr viel vom Tod trennte.

Hier ist seine Geschichte in seinen eigenen Worten:

„Ich bin jetzt 51 Jahre alt. Die meiste Zeit meines Lebens spielte Musik für mich die absolute Hauptrolle. 35 Jahre lang war ich drogenabhängig. Ich habe dadurch alles verloren, was ich hatte – Selbstachtung, Würde und meine Familie.

Als ich völlig am Ende war, bat ich Jesus, in mein Leben zu kommen. Für mich war das wie ein loderndes, reinigendes Feuer, das seither in meinem Leben brennt und nicht mehr auszulöschen ist.

Seit drei Jahren gehöre ich zum Dream Center. *Hier habe ich die Bedeutung von echter Liebe gelernt.*

Jesus hat auch meine Familie wiederhergestellt. Er hat mir ebenfalls meine Selbstachtung zurückgegeben. In ihm habe ich einen Grund zum Leben. Heute liegt sein Segen auf meinem Leben und meiner Familie.

Mittlerweile ist es mir eine Pflicht und auch ein Be-

dürfnis, anderen zu helfen und Freude in ihr Leben zu bringen. Ich kann Menschen in Jesu Namen Hoffnung machen. Mein Hauptdienst ist das LAIC Aids Projekt (Anm.: Los Angeles International Church, *der eingetragene Name des* Dream Center*). Außerdem spiele ich Gitarre im Musikteam der Gemeinde und arbeite in der Gebäudesicherung für unser Zentrum mit.*
Ich danke Jesus für einen Pastor, der wirklich lieben und Mitgefühl zeigen kann.
Wenn ich nur einen Wunsch frei hätte, wäre es, die Freude, Liebe und Wahrheit weiterzugeben, die Jesus mir geschenkt hat.“

Da ich in einem Pastorenhaushalt aufgewachsen bin, sind mir nicht wenige bekannte Persönlichkeiten begegnet, geistliche Größen, die in ihrem Leben sehr viel bewirkt haben. Einige von ihnen habe ich aber auch zu Fall kommen sehen. Viele Pastorenkinder werden völlig desillusioniert, wenn sie erleben, dass geistliche Größen nicht wirklich nach den Standards leben, die sie immer verkündigen. Trotzdem habe ich mich dazu entschlossen, an die Menschen zu glauben, weil ich überzeugt bin, dass jeder tief in sich den Wunsch trägt, das Richtige zu tun. Ich bemühe mich, ganz bewusst gerade diesen Blickwinkel zu betonen. So macht es Gott mit uns und so will auch ich es mit anderen machen.

Kapitel 7

Die Kirche im neuen Jahrtausend

Wenn Menschen über die Armen-Ghettos unserer Großstädte sprechen, denken sie häufig an Hoffnungslosigkeit. Die vorherrschende Meinung geht in etwa dahin, dass es wohl am besten wäre, eine Bombe fallen zu lassen und danach noch einmal ganz von vorne zu beginnen. Die Nöte dieser Stadtviertel erscheinen einfach unendlich groß. Ich bin in einem Umfeld aufgewachsen, in dem ich sehr verwöhnt wurde. Wenn ich z. B. etwas Bestimmtes essen wollte, durfte ich es mir nehmen, wann immer ich wollte und so viel ich wollte. In den Armutsvierteln ist das ganz anders.

Jeden Tag fährt ein Gemeindelastwagen in die ärmsten Gebiete der Stadt, wo wir Lebensmittel verteilen. Familien stehen in langen Schlangen an, nur um eine Tüte Grundnahrungsmittel zu erhalten.

Ich komme aus einer Mittelschichtfamilie in einer Stadt, in der gut bezahlte Dienstleistungsberufe überwiegen. Mir wurde immer vermittelt: „Das hier ist Amerika. Dir stehen alle Möglichkeiten offen.“ Ich glaube, dass das im Prinzip richtig ist, aber das Leben kann sehr hart sein, wenn man in der dritten Generation Sozialhilfeempfänger oder die Familie erst kürzlich eingewandert ist. Wenn Sie einer armen Einwandererfamilie entstammen, gibt es für Sie wenig Chancen. Oft ist nicht genug Zeit, um Englisch zu lernen, weil schnell ein Arbeitsplatz gefunden werden muss, an dem man wiederum wenig Geld verdient. Die Kinder dieser Einwanderer müssen oft Sprachrohr und Übersetzer für ihre Eltern sein, da diese kaum der englischen Sprache mächtig sind. Dadurch haben die Kinder nicht den Freiraum, sich mit Gleichaltrigen zu treffen, um einen guten Einstieg in die neue Kultur zu bekommen. Für sie springt auch die Sozialhilfe nicht ein. Die einzige Antwort ist eine gesunde Gemeinde.

Die Nöte der Armutsviertel

Wir brauchen buchstäblich Tausende von Gemeinden, die sich täglich der sozialen Nöte dieser Stadtviertel annehmen. Wir benötigen Gemeinden, die zu regelrechten Aktionszentren für ihre Umgebung werden, voller Energie, Leben und Hoffnung. In Los Angeles haben viele Kirchen vergitterte Fenster und Türen, die signalisieren: „Bleibt draußen! Wir haben Angst vor euch!" Bei uns ist das anders. Es gibt keine Gitter oder andere Barrieren, die die Menschen abweisen, die wir doch eigentlich erreichen wollen.

Es ist aus vielerlei Gründen wichtig, aktiv zu dienen. Einer davon ist, dass wir dadurch Menschen helfen. Des Weiteren übt eine aktive und sichtbare Gemeinde einen sehr positiven Einfluss im Stadtteil aus. Das *Dream Center* hat die Umgebung um sich herum grundlegend verändert. Als wir unseren Dienst vor einigen Jahren aufnahmen, war die Atmosphäre in den Straßen kalt und düster. Heute herrscht hier ein Klima von Wärme, das für jeden spürbar wird, der sich längere Zeit bei uns aufhält. Der Grundgedanke ist ganz einfach: Wenn Hunderte von Mitarbeitern jeden Tag in die Umgebung strömen, Nahrungsmittel verteilen und die Straßen reinigen, dann muss es einfach eine Veränderung zum Positiven geben.

Gemeinden, deren Schwerpunkt darin besteht, aktiv Dienste zu entfalten, werden die Zeiten überdauern, während solche Gemeinden, die sich vornehmlich an geistlichen Trends orientieren, kommen und gehen.

Gemeinden, deren Schwerpunkt darin besteht, aktiv Dienste zu entfalten, werden die Zeiten überdauern, während solche Gemeinden, die sich vornehmlich an geistlichen Trends orientieren, kommen und gehen. Darum lehren wir bei uns viel über geistliche Prinzipien, weil diese bestehen bleiben, wenn Trends wieder abgeebbt sind. Jahrzehnte lang sind wir der abstrusen Idee auf den Leim gegangen, dass es Aufgabe des Staates sei, sich um das Sozialwesen zu kümmern, während es die Aufgabe der Kirchen sei, Seelen zu gewinnen. Wir haben den realen Dienst am Anderen von der Errettung ihrer Seele abgekoppelt. Damit stellen wir uns jedoch gegen die Lehre und das gelebte Beispiel Jesu. Jede soziale Hilfe, die wir anbieten, wird ein Wegbereiter für das Evangelium werden.

Aktion „Adoptiere einen Häuserblock"

Ein Programm hat in besonderer Weise unseren Dienst revolutioniert. Wir ermutigen jedes Gemeindemitglied, sich in diesem Bereich zu engagieren. Ich bitte alle Pastoren und Mitarbeiter der Gemeinde, jeden Samstag in diesem Dienst mitzuarbeiten, weil es mir wichtig ist, dass alle Mitarbeiter sich ein Herz für den einzelnen Menschen erhalten und wissen, was in unserer Nachbarschaft los ist. Ich kenne viele Pastoren, die sich ausschließlich mit Predigen, Büroarbeit und Verwaltungsaufgaben auseinander setzen. Dadurch erfahren sie niemals die Freude, die man erlebt, wenn man in seinem Stadtteil unterwegs ist, um mit den Menschen zu sprechen, ihnen zu dienen und ganz praktisch zu helfen. Jeden Samstag verbringe ich drei Stunden in den Häuserblocks, die ich „adoptiert“ habe. Diese Zeiten haben mein Leben und meine Perspektive vom geistlichen Dienst völlig verändert. Wenn mein Herz nicht aufs Innigste mit der Stadt verbunden ist, in die Gott mich gestellt hat, dann kann ich die Berufung Gottes in meinem Leben nicht erfüllen.

Die Aktion „Adoptiere einen Häuserblock“ begann an einem Samstag, als ich in der Nachbarschaft spazieren ging und mitbekam, wie verschiedene religiöse Gruppierungen auf die Menschen zugingen. So beobachtete ich Zeugen Jehovas, Mormonen und einige andere, und stellte fest, dass viele Leute ihnen zwar die Tür öffneten und anhörten, was sie zu sagen hatten, aber sie blieben innerlich reserviert. Sie fühlten sich verpflichtet zuzuhören, aber es schien, als ob sie im Stillen dachten: *Hätte ich nur nicht die Tür aufgemacht!*

Die Vertreter dieser Religionen schienen darauf aus zu sein, ihre Lehren zu verbreiten, aber sie vermittelten nicht den Eindruck, als ob ihnen wirklich an den Menschen gelegen wäre. Ich bin sehr wohl davon überzeugt, dass Hausbesuche und Tür-zu-Tür-Evangelisation wichtig sind. Bitte verstehen Sie mich nicht falsch, es ist mir sehr wichtig, dass Menschen zum Glauben an Christus kommen. Auch ich bin ausgesprochen altmodisch und glaube, dass wir die Leute zu einer Wiedergeburt in Christus führen müssen. Aber ich möchte noch mehr als das. Ich möchte sie nicht nur für Jesus gewinnen, sondern sie auch weiter führen und erleben, dass sie sich der Gemeinde fest anschließen und selbst aktive Mitarbeiter werden. Ich möchte ihnen auch in den Jahren danach zur Verfügung stehen und Teil ihres Lebens sein.

Diejenigen, die versuchten, ihre Lehre an den Mann zu bringen, versäumten es, wirklich auf einer persönlichen

Ebene mit den Menschen in Beziehung zu treten. Ich wollte die Sache anders angehen und wirklich die Nachbarschaft verändern, sodass am Ende eine Vielzahl von Leuten aus der Umgebung zum Haus Gottes kommen würden. Ich träumte davon, sonntags aus dem Fenster zu schauen und Menschen aus unserem Stadtteil in Massen zum Gottesdienst strömen zu sehen.

Da schenkte Gott mir einen Plan. Jeden Samstag verteilen wir uns auf rund 30 Blocks in der Umgebung. Jeweils vier Leute adoptieren faktisch einen Block. Sie werden Laienpastoren in diesen Häusern und übernehmen die Verantwortung dafür. Die ersten Monate taten wir nichts anderes, als uns um die Nöte der Leute zu kümmern. Wir gingen von Tür zu Tür und sagten etwa Folgendes: „Guten Tag, wir sind hier als Nachbarschaftshelfer eingesetzt, um für Sie da zu sein. Gibt es irgendetwas, womit wir Ihnen behilflich sein können?"

In den ersten Wochen bauten wir Beziehungen zu Leuten auf, halfen ihnen ganz praktisch und brachten den Kindern Spielsachen und Süßigkeiten mit. Über Jahre hinweg dienen wir so denselben Leuten, in derselben Straße und werden zu einem Teil ihres Lebens. Wir werden in unserem jeweiligen Gebiet zu Pastoren auf Lebenszeit. Besucher, die uns auf Hausbesuchen begleiten, sind regelmäßig überrascht und können kaum glauben, dass unsere Gemeinde es fertig gebracht hat, so intensive Kontakte aufzubauen. Ich sage ihnen dann immer, dass es dazu überhaupt nicht viel bedarf. Wir haben uns einfach mit den Menschen bekannt gemacht, und es ist uns ein Anliegen, für sie da zu sein.

Nachdem wir alle Nachbarn besucht haben, machen wir noch einen Rundgang und sammeln Abfall auf. Wir werfen die Tüten auf die Pritsche eines Lastwagens, mit dem wir dann den Müll abtransportieren, den wir in den 30 Blocks unserer Umgebung gesammelt haben. Es ist immer ein unglaublicher Anblick: Hunderte von Leuten verbringen jeden Samstag drei Stunden damit, für bedürftige Leute da zu sein. Wir mähen Rasen, streichen Häuser, verteilen Hilfsgüter, organisieren Nachbarschaftswettkämpfe für die Kinder, verschenken Hamburger oder richten Straßenfeste aus. Wir haben sicherlich noch gut hundert andere Ideen umgesetzt – alles mit dem einen Ziel: Kontakt zu den Menschen zu knüpfen.

Als Folge davon hat sich mein Traum erfüllt. Jeden Sonntagmorgen sehen wir Leute aus unserer Nachbarschaft zum Gottesdienst kommen, weil eine Gruppe von Leuten aus der Gemeinde ihnen Woche für Woche treu dient.

Es macht mir große Freude, auf Konferenzen oder im Fernsehen zu sprechen, aber nichts kommt an die Freude heran, die ich empfinde, wenn ich samstags die kleinen Kinder sehe, die schon an der Tür auf uns warten. Ich ziehe mir Freizeitkleidung an, nehme meine Tüte mit Süßigkeiten und einen Sack voll Spielsachen und fühle mich wie der Weihnachtsmann, wenn ich den Leuten vermitteln kann, dass Christen wirklich Leute sind, die Liebe weitergeben. Es fühlt sich gut an, die Namen der Leute aus unserer Straße zu kennen. Ich wüsste von keinem Dienst unserer Gemeinde, der mehr Menschen zu uns gebracht hat als dieser. Das ist das Geheimnis der Arbeit im Reich Gottes: Beziehungen aufbauen und Woche für Woche die Verbindlichkeit aufbringen, die nötig ist, um wirklich auf Dauer etwas in unserem Umfeld zu bewirken.

Das Geheimnis der Arbeit im Reich Gottes: Beziehungen aufbauen und Woche für Woche die Verbindlichkeit aufbringen, die nötig ist, um wirklich auf Dauer etwas in unserem Umfeld zu bewirken.

Träume sind erlaubt

Die Kirche des nächsten Jahrtausends muss eine Kirche sein, die Menschen freisetzt, neuartige und individuelle Dienstzweige zu beginnen. Wir Pastoren sollten den Menschen eine Vorstellung davon geben, wie sich unsere Städte verändern können. Dann müssen wir ihnen deutlich machen, dass sie ein Teil dieser Vision sind, und es ihnen erlauben, in Rücksprache ihre eigenen Träume umzusetzen. Wahrscheinlich sind nicht alle Ihre Mitarbeiter Prediger, Lehrer oder Musiker, aber Sie werden staunen, was in ihnen steckt, wenn Sie ihnen freie Hand geben.

Mein Vater hält manchmal eine Predigt mit dem Titel „Das Wunder in Ihrem Haus“. Die Kernaussage dieser Botschaft ist, dass alles, was Sie zum Aufbau einer starken Gemeinde brauchen, schon vorhanden ist. Sie brauchen es nur aufzuspüren. Auch ich bin davon absolut überzeugt! Unsere Gemeinde lebt nach dieser Maxime.

Eines Tages kam eine junge Frau zu mir ins Büro, um mit mir über ihren Dienst in der Gemeinde zu sprechen. Sie hatte bei unseren Einsätzen treu mitgearbeitet und nun erzählte sie mir von ihrem Traum: Sie träumte davon, Tag für Tag Tausende von Menschen in Los Angeles mit Essen zu versorgen. Die erste Frage, die mir in den Sinn kam war: „Und wie willst du das bewerkstelligen?“ Aber ich entschloss mich, erst einmal einfach zuzuhören. Ich stellte fest, dass in dieser zierlichen jungen Frau dieselbe energische Entschlossenheit steckte, mit der auch ich im Alter von 17 Jahren meinen Dienst begonnen hatte. Ich wusste nicht, was ich ihr raten sollte. Ich sagte ihr, dass ich ihr einen alten Lastwagen geben würde und sie damit tun könnte, was ihr richtig erschien.

Nun, sie nahm die Herausforderung an und begann einen neuen Dienstzweig mit dem Namen „APG 29“. Sie schleppte schwere Kisten, knüpfte telefonisch Kontakte, um Nahrungsmittel zu organisieren, und leistete Tag für Tag Knochenarbeit, damit ihr Dienst Wirklichkeit werden konnte.

Heute, ein Jahr später, fährt sie mit ihrem Lastwagen in die ärmsten Gebiete der Stadt und verteilt Woche für Woche Nahrungsmittel an 10 000 Menschen – und das unabhängig von all den anderen Ernährungshilfe-Programmen unserer Gemeinde. Sie hat drei vollzeitliche Mitarbeiter, die fünf Tage in der Woche mit ihr hinausgehen und unter freiem Himmel Gottesdienste halten, während sie Essen verteilen.

Ehrlich gesagt, war ich sehr beeindruckt vom Einsatz, den diese junge Frau für die Armen brachte – und überdies sah sie auch noch ausgesprochen gut aus … (aber mehr darüber im letzten Kapitel)

Kontakt aufnehmen

Es kommt der Tag, an dem nicht mehr nur wir Pastoren zur Gemeinde predigen, sondern auch die Mitarbeiter, denen wir gepredigt haben, nun ihrerseits zu Predigern werden und die Botschaft von der Liebe Gottes Tag für Tag hinaustragen. Unsere Gottesdiensträume müssen unter der Woche für die verschiedensten Veranstaltungen geöffnet sein, mit denen wir die Leute ansprechen. So gebe ich dienstags und freitags Jugendlichen aus unserer Nachbarschaft Unterricht im Ringen, in demselben Saal, in dem wir sonntags Gottesdienst feiern.

Wir sind ständig auf der Suche nach Bedürfnissen, die wir erfüllen können. So haben wir zum Beispiel eine kleine Poliklinik eröffnet, in der wir Leute kostenlos behandeln. Wir haben eine Reihe von Ärzten an der Hand, die bereit sind, uns zu helfen, und wir sind überzeugt, dass es nicht lange dauern wird, bis wir jede Woche buchstäblich Hunderte von Patienten betreuen werden. In vielen Fällen ist unsere Einrichtung die einzige, die ihnen helfen kann, weil die Betroffenen kein Geld haben und keine Versicherung besitzen. Des Weiteren sind wir gerade dabei, ein Heim für allein stehende schwangere junge Frauen aufzubauen, weil uns bewusst geworden ist, welch ein gewaltiges Problem eine ungewollte Schwangerschaft für Minderjährige bedeutet.

Wo stößt man auf solche Nöte? Sie müssen nicht lange suchen. Schauen Sie, wohin Sie wollen. Wann immer ich all diese Nöte gegenüber Pastoren und Gemeindemitarbeitern erwähne – dass Wohnsitzlose, Ausreißer, Drogenabhängige und Bandenangehörige einen Platz in der Gemeinde brauchen –, höre ich Reaktionen wie diese: „Wie wird sich das auf das Familienleben unserer Gemeindemitglieder auswirken? Werden sie sich auf so etwas überhaupt einlassen?"

Ob Sie es glauben oder nicht – unsere Gemeinde hat es fertig gebracht, sich über alle Einschränkungen von Gemeindewachstumsprinzipien hinwegzusetzen. Mein ganzes Leben lang wurde mir beigebracht, dass es nahezu unmöglich ist, so viele unterschiedliche Gruppen von Menschen zusammenzubringen; es heißt, eine Gemeinde habe immer entweder eher Mitglieder aus oberen oder aus unteren Schichten. Wir aber sind davon überzeugt, dass wir eine Gemeinde für alle Bevölkerungsschichten sein sollen. Von der Gemeinde in der Apostelgeschichte wurde gesagt: „Sie hatten alles gemeinsam" (Apg 4,32; Einheitsübersetzung). Darum geht es doch gerade im Neuen Testament. Die Ärmsten der Armen, Mittelschichtfamilien, die von weit her kommen, und berühmte Persönlichkeiten wie Dyan Cannon oder Lou Rawls – sie alle gehören zu unserer Gemeinde. Die meisten Familien aus der Mittelschicht kommen gerade wegen unseres Engagements für die Armen und Bedürftigen, und auch einige einflussreiche Leute haben sich uns angeschlossen, weil wir eine Gemeinde sind, die greifbare praktische Veränderungen auf den Straßen unserer Stadt bewirkt.

Unsere Antwort auf Zukunftsängste

Es gibt einige Ungewissheiten im Hinblick auf die Zukunft, z. B. die Angst vor den Veränderungen, die das neue Jahrtausend mit sich bringen wird. Da gibt es Menschen, die Nahrungsvorräte anhäufen, sich einen Bauernhof kaufen und hoffen, so vorbereitet zu sein. Es gibt keine bessere Zeit für die Kirche, etwas zum Positiven zu verändern, als jetzt. Ich weiß nicht, welche Konsequenzen das neue Jahrtausend mit sich bringen wird, aber ich weiß eines: Wir werden bereit sein. Wir werden hier sein, in unserem ehemaligen Krankenhaus, und falls irgendetwas Dramatisches eintreten sollte, werden wir unser Licht leuchten lassen. Wir werden tun, was wir immer getan haben: uns Nöten annehmen, für Leute da sein, die Armen lieben und Opfer für die Bedürftigen bringen.

Ich fordere jeden Pastor, der dieses Buch liest, auf: Motivieren Sie Ihre Leute, hinaus auf die Straßen zu gehen und etwas zu verändern. Setzen Sie selbst ein Beispiel, setzen Sie Ihre Leute frei zum Dienst, und vermitteln Sie ihnen einen Eindruck davon, wie ihre Stadt, ihr Dorf oder ihr Landkreis verändert werden kann. Im kommenden Jahrtausend wird die Kirche vor vielen Herausforderungen stehen, aber wenn die Gemeinden in ihrem jeweiligen Umfeld zu Zentren der Wiederherstellung werden, dann könnten wir Menschen dabei unterstützen, ihr Leben und ihr Denken zu verändern – und ein neues Bild vermitteln, was christlicher Dienst eigentlich ist. Ich bin überzeugt, die Welt würde die Kirche in einem völlig neuen Licht sehen. Es gibt keinen günstigeren Moment, um Leuchtfeuer in unserem Umfeld aufzurichten, als gerade heute, weil dies eine Zeit des Aufbruchs in ein neues Jahrtausend ist. Was für eine Gelegenheit, um der Welt die Liebe Gottes in Aktion vorzuführen!

Kapitel 8

Warum eigentlich Gutes tun?

Ich habe Ihnen schöne Berichte über Veränderungen an Menschen in unseren Armutsvierteln erzählt, aber die Arbeit, die wir tun, ist nicht immer angenehm.

Eines Sonntagmorgens nach dem Gottesdienst, als die Besucher wieder nach draußen strömten, kam ein Mann auf mich zu. Irgendwie kam er mir bekannt vor, aber ich konnte mich zunächst nicht so recht erinnern, wen ich vor mir hatte. Er hatte graues Haar und war sehr stark abgemagert. Als er noch näher kam, erkannte ich ihn plötzlich. Über ein Jahr lang hatten wir ihn mit dem Bus zum Gottesdienst abgeholt. Er war stets sehr freundlich, aber reserviert gewesen. Jetzt hatte er einen besorgten Gesichtsausdruck und bedeutete mir viel sagend: „Ich weiß, wie Ihre Gemeinde eine Menge öffentliche Aufmerksamkeit bekommen kann."

„So, wie denn?", fragte ich ihn.

Er antwortete mir mit drohender Stimme: „Ich werde Sie jetzt umbringen und danach Selbstmord begehen." Er zog eine Pistole hervor und wiederholte: „Ich werde Sie umbringen!"

Trotz meiner Angst sah ich ihm direkt in die Augen und sagte so ruhig, wie ich konnte: „Wissen Sie, Sie können mich umbringen. Ich weiß genau, wo ich nach meinem Tod hingehe, aber ich bin sehr besorgt um Sie. Wo werden Sie die Ewigkeit verbringen?"

Er drückte mich rücklings gegen die Wand, sagte mir, ich solle mich in Acht nehmen, denn im nächsten Monat würde er mich wirklich umbringen, und dann würde ich sehen, ob mein Gott mir helfen könne.

Mit diesen Worten rannte er hinaus.

Die Macht der Verzweiflung und die Kraft Gottes

Noch nie bin ich Gott näher gewesen als in jenem Monat. Woche für Woche gelang es dem Mann, in den Gottesdienstraum zu kommen und sich an mich heranzuschleichen. Unser Sicherheitsdienst wollte ihn jedes Mal postwendend hinausbefördern, aber irgendetwas hielt mich davon ab, so vorzugehen. Während meiner Predigten schaute ich mich unter den Leuten um. Jedes Mal, wenn ich ihn in der Menge sah, gestikulierte er bedrohlich. Oft fiel es mir schwer, mich unter diesen Umständen auf die Predigt zu konzentrieren.

Nach jedem Gottesdienst drohte er mir erneut: „Nächste Woche ist es so weit!" Ich glaubte, dass er es ernst meinte. Wir stellten Nachforschungen an und fanden Näheres über seine Lebensumstände heraus. Er litt an Aids in einem fortgeschrittenen Stadium und war verbittert darüber, dass er sterben musste und sich niemand um ihn kümmerte. Er wollte Aufmerksamkeit erregen. Indem er erst mich und anschließend sich selbst umbrächte, würde er allen zeigen, wie verzweifelt er war. Da er sowieso sterben würde, hatte er nichts zu verlieren.

Ich bin normalerweise nicht sehr mutig, aber irgendetwas brachte mich dazu, ihn immer wieder in unsere Räume zu lassen. Allerdings bat ich unseren Sicherheitsdienst, ihn gut im Auge zu behalten. In allem, was ich tat, war ich überaufmerksam.

Nach einem Samstagabendgottesdienst tippte mir jemand auf die Schulter. Als ich mich umdrehte, stand er direkt vor mir. Er fragte mich, ob ich mit ihm hinauskommen würde. Sofort schossen mir zwei Gedanken durch den Kopf. Der erste war, dass ich besser nicht mit ihm hinausginge, weil er mich dort umbringen würde. Der zweite Gedanke war, dass ich mit einem solchen Verhalten Angst und Schwäche zeigen und als Pastor seinen Respekt verlieren würde. Ich entschied mich schließlich, ihm nach draußen zu folgen.

Während wir hinter der Kirche die Straße entlangliefen, unterhielten wir uns. Plötzlich begann der Mann, hemmungslos zu weinen. Er erzählte mir nun selbst noch einmal, dass er bald an Aids sterben würde und wie sehr er sich für das Leben, das er gelebt hatte, schämte. Seine ganze Reserviertheit brach in sich zusammen und er legte mir sein Innerstes offen. Er sagte: „Jedes Mal, wenn ich Sie als jungen Mann predigen sehe, wird mir bewusst, was aus mir hätte werden können. Ich schätze und respektiere Sie zutiefst und könnte Ihnen niemals etwas antun, aber auf der anderen Seite verachte ich Sie."

Wir sprachen eine ganze Weile miteinander. An diesem Abend berührte Gott ihn in seinem tiefsten Inneren und er weinte sich lange an meiner Schulter aus. Nach einiger Zeit vertraute er Jesus im Gebet sein Leben an. Am nächsten Tag stand er im Gottesdienst auf und berichtete den Anwesenden über seine Mordpläne und wie Gott am Tag zuvor sein Leben verändert hatte. Jeder in der Gemeinde war zutiefst schockiert.

Später lud ich ihn zum Mittagessen ein und kaufte ihm danach eine Fahrkarte für den nächsten Zug nach San Francisco, wo er eine gute medizinische Behandlung für seine Krankheit erhalten konnte. Die Beziehung zwischen uns war sehr stark geworden, und er rief mich des Öfteren aus San Francisco an, um mir mitzuteilen, wie viel besser es ihm ginge. Welch ein Wunder!

Göttliche Impulse, Gutes zu tun

Während dieser Zeit der Prüfung gingen mir immer wieder dieselben Fragen durch den Kopf. *Warum tun wir eigentlich Gutes? Warum soll ich diesem Mann helfen? Warum soll ich immer wieder für ihn da sein, wenn er ausschließlich versucht, mir zu schaden?* Manche Menschen wissen gar nicht zu schätzen, was man für sie tut. Nicht selten sind es gerade die Leute, denen wir am meisten helfen, die besonders undankbar sind und uns bis auf das letzte Hemd ausziehen, wenn wir ihnen die Gelegenheit dazu geben. Warum also überhaupt Gutes tun?

> Manche Menschen wissen gar nicht zu schätzen, was man für sie tut. Nicht selten sind es gerade die Leute, denen wir am meisten helfen, die besonders undankbar sind und uns bis auf das letzte Hemd ausziehen, wenn wir ihnen die Gelegenheit dazu geben. Warum also überhaupt Gutes tun?

In der Bibel gibt uns Gott viele Anreize, um uns dazu zu bewegen, Gutes zu tun. Zunächst einmal ist da die Angst vor Strafe. Er zeigt uns, dass uns als Konsequenz für böse Taten der Tod und eine Ewigkeit ohne ihn erwarten. Diese Angst vor Strafe kann uns tatsächlich näher zu Gott bringen und ist durchaus ein Anreiz, Gutes zu tun. Aber es ist bei Weitem nicht der wichtigste Grund.

Zweitens gebraucht Gott Belohnungen. Ein gutes Beispiel finden wir im Matthäus-Evangelium, Kapitel 11, Verse 28 (Einheitsübersetzung): „Kommt alle her zu mir, die ihr euch plagt und schwere Lasten zu tragen habt. Ich werde euch Ruhe verschaffen." Der Anreiz, bei Gott Ruhe zu finden, kann uns dazu motivieren, Gutes zu tun. Genau das

Gleiche kann auch die Aussicht bewirken, unsere Ewigkeit im Himmel verbringen zu dürfen. Aber es gibt noch einen wesentlich besseren Grund, den ich bisher noch nicht erwähnt habe.

Die größte Belohnung von allen ist das Wissen, einfach das Richtige getan zu haben, ohne eine Belohnung dafür zu erwarten. Das gibt uns eine tiefe Befriedigung. Auch wenn wir ganz allein dastehen – es ist gut, das Richtige zu tun. Wenn alle Jugendlichen aus der Klasse auf Partys Drogen nehmen, ist es trotzdem richtig, sich davon fern zu halten, auch wenn man ganz allein dasteht. Wenn wir den ganzen Tag schwere Entscheidungen treffen mussten, fühlen wir uns abends gut, wenn wir uns richtig entschieden haben. Auch wenn die Dinge anders laufen, als wir erwartet hatten oder uns wünschen würden, haben wir unsere Entscheidungen doch nach festen Prinzipien getroffen. Es ist etwas sehr Befriedigendes, das Richtige zu tun, einfach deshalb, weil es das Richtige ist. Wenn wir anderen Gutes tun, werden wir erleben, dass dies eine ganz eigene Freude mit sich bringt.

Bobby Knight ist ein großartiger Basketballtrainer. Obwohl ich nicht mit allen seinen Methoden einverstanden bin, hat mich seine Trainingsphilosophie sehr beeindruckt. Es gibt Zeiten, in denen sein Team Siege erringt, mit denen er nicht wirklich zufrieden ist. Im Gegensatz dazu ist er über einige verlorenen Spiele alles andere als enttäuscht. Der Grund hierfür ist einfach: Ihm ist der Einsatz, den seine Spieler bringen, wichtiger als der eigentliche Erfolg. Sehr viele Menschen sind ständig damit beschäftigt, Leistung zu erbringen, aber sie finden niemals wirkliche Freude, weil sie erwarten, dass Erfolg ihnen Glück bringen wird.

Das *Dream Center* ist in der Tat erfolgreich geworden, aber der äußere Erfolg ist nicht das, was mich glücklich macht. Am meisten freue ich mich, dass Menschenleben zum Guten verändert werden.

Lob bringt keine echte Freude. Durch Auszeichnungen und öffentliche Anerkennung finden wir den Sinn unseres Lebens nicht. Aber wenn wir Gutes tun, einfach deshalb, weil es richtig ist, und wenn wir Menschen helfen, sich positiv zu entwickeln, dann kommen wir dem Geheimnis des Lebens auf die Spur. Auch wenn ich niemals Anerkennung oder Auszeichnungen bekäme, wäre ich trotzdem glücklich. Meine Belohnung besteht darin zu wissen, dass wir täglich Menschen in ihren Nöten dienen.

Die Motivation zu helfen

In den armen Stadtvierteln arbeiten wir nicht für Lob und Anerkennung. Im Allgemeinen sagen Menschen, die in tiefsten sozialen Nöten stecken, selten Danke. Nein, Dankbarkeit ist wirklich nicht ihre Stärke. Das bedeutet aber nicht, dass sie unsere Hilfe nicht schätzen. Sie wissen nur einfach nicht, wie sie ihre Dankbarkeit ausdrücken sollen.

In unseren Gemeinderäumen leben ständig etwa 500 Bewohner. Ich brauche jeden Tag sehr lange, um von meinem Büro zu meinem Auto auf dem Parkplatz zu kommen, weil die Menschen mit mir über ihre Probleme sprechen wollen. Ich muss immer wieder aufpassen, dass ich meine Seele den Nöten gegenüber offen halte und nicht abstumpfe. Unsere Stadt und die Mehrzahl der Menschen, die hier leben, sind hart genug – ich will mich da nicht anpassen. Ich wünsche mir in dieser Hinsicht nichts mehr, als mich den Nöten nicht zu verschließen und auch nach Jahren im Dienst noch über eine tragische Lebensgeschichte weinen zu können, die mir jemand erzählt. Damit das möglich wird, hinterfrage ich immer meine Motivation.

Diese Lektion habe ich schon sehr früh in meinem Leben gelernt. Mein Vater ist einer der erfolgreichsten Gemeindegründer und Leiter aller Zeiten. Viele bezeichnen ihn sogar als eine Legende. Aus vielerlei Gründen ist es nicht einfach, seinen Spuren zu folgen. Am schwersten fällt es mir, dass jeder Großes von mir erwartet. Die Dinge, die ich bisher in meinem Leben gemacht habe, erscheinen allen fast selbstverständlich. Wenn mein Vater kein berühmter Pastor und Leiter wäre, würde jeder die Entstehung des *Dream Center* als Wunder bezeichnen. Aber bei mir erwarten die Menschen immer außergewöhnliche Resultate.

Die Tatsache, dass auch ich Pastor geworden bin, hat jedoch mit den Errungenschaften meines Vaters gar nichts zu tun. Gott allein entscheidet, wie viel Einfluss ein Mensch in seinem Leben bekommt. Meine Aufgabe ist es, Menschen in Not zu helfen, Gutes zu tun, womöglich ein Vorbild für andere in der Stadt zu sein und in allem, was ich tue, mein Bestes zu geben. Wenn ich anderen Gutes tue, weil Gott es gesagt hat, dann gibt es keine bessere Belohnung, als ihm gehorsam zu sein und die positiven Resultate im Leben der Menschen zu sehen, denen ich diene.

Was wird aus meinem Leben werden? Ich weiß es nicht. Eines ist mir aber klar: Es ist nicht mein Ziel, eine großartige Position zu erreichen. Meine Berufung ist es, dieser Generation zu dienen. Wenn ich hierin meine Freude finde, dann bin ich ein wirklich glücklicher Mensch.

> Warum tun wir also Gutes?
> Weil daraus ein tiefer Friede resultiert,
> der Friede, der in unser Herz kommt,
> wenn wir einfach tun, was richtig ist,
> egal, was es uns kosten mag.

An einem Samstag, als wir gerade in unserem adoptierten Häuserblock unterwegs waren, kam einmal ein Mann auf mich zu und sagte: „Sie sind doch Pastor, warum räumen Sie hier bei uns den Müll weg? Die Menschen, die hier leben, wissen Ihren Einsatz doch gar nicht zu schätzen, und bis Sie nächsten Samstag zurückkommen, haben wir wieder alles schmutzig gemacht."

Ich antwortete ihm: „Dann räumen wir eben nächsten Samstag wieder auf!"

„Warum machen Sie das alles hier?", fragte er schließlich verwundert.

Ich stellte meinen Müllsack und meinen Besen ab. „Weil wir euch lieben, und das ist wirklich der einzige Grund", lautete meine einfache Antwort. Ganz offensichtlich war der Mann bewegt, und während er davonging, konnte man ihm ansehen, dass ihn die Dinge, die ich gesagt hatte, sehr beschäftigten.

Es fiel ihm schwer zu glauben, dass sich eine Gruppe fremder Menschen für seine Belange interessierte. Warum tun wir also Gutes? Weil daraus ein tiefer Friede resultiert, der Friede, der in unser Herz kommt, wenn wir einfach tun, was richtig ist, egal, was es uns kosten mag.

Kapitel 9

Der beste Ort für ein Gebäude

Ich unterscheide mich in keiner Weise von anderen Pastoren. Mir sind dieselben Dinge wichtig, die auch den meisten anderen Pastoren wichtig sind. Unser Gottesdienstraum ist nicht der schönste, den man sich vorstellen kann. Es ist eine alte Sporthalle, die zu diesem Zweck umgebaut wurde. Es tut mir Leid, wenn ich damit vielleicht Ihre Glaubensfundamente erschüttere, aber das Gebäude, in dem wir unsere Gottesdienste feiern, ruft bei anderen Gemeinden nicht gerade Neid hervor.

Ohne Zweifel wäre es schöner, ein altes Theater in einem Vorort zu haben – zum Beispiel in Pasadena oder Hollywood oder in Beverly Hills, verkehrsgünstig gelegen und von riesigen Freiflächen umgeben. Ich habe mehr als einmal an so etwas gedacht, wenn ich mich mit der Frage beschäftigte, wo ich meine Kirche gerne ansiedeln würde. Ich habe aber beobachtet, dass die alten Gemeindegebäude wie Grabsteine, wie Mausoleen zurückbleiben, wenn diese innerstädtischen Gemeinden, wo die Armen nun einmal leben, sich in die Vorstädte hinaus orientieren. Überall in Amerika – in Miami, New York, Chicago oder Atlanta – bleiben die Gebäude von einst blühenden christlichen Werken zurück – wie Denkmäler an eine bessere Zeit.

Eine Gegenbewegung

Doch in solchen Fällen bleiben nicht nur leere Häuser inmitten eines verfallenden Stadtviertels zurück. Auch viele dieser Gemeinden selbst bleiben bei ihrem Massenexodus auf der Strecke. Die Träume von einem besseren Leben in der Vorstadt verwandeln sich unversehens in einen Alptraum. Alle erwarten, dass nach dem Umzug eine neue Ära anbricht, in der lang gehegte Träume Wirklichkeit werden. In Wahrheit aber wird das schöne Gebäude in der Vorstadt gerade zum Totengräber ihrer Träume.

Aber dennoch gibt es neben dieser Fluchtbewegung, hinaus aus der Innenstadt auf die „grüneren Auen" der Vorstädte, auch eine Bewegung zurück in die Städte.

Überall im Land brennt eine neue Entschlossenheit, die Städte wieder neu einzunehmen. Verlassene Gebäude verwandeln sich in Zentren der Hoffnung. Eine neue Generation von kämpferischen Christen kauft ehemalige Striptease-Lokale, Spielhöllen, verlassene Bars und leer stehende Kirchengebäude auf und nutzt sie, um die Verlorenen zu gewinnen. Diese Bewegung bringt heute häufig große Gemeinden hervor.

Nachdem ich nach Los Angeles gezogen war, hörte ich immer wieder dieselbe Litanei: „Eine Gemeinde in der Innenstadt von Los Angeles – das geht schief. Hier gibt es keine finanziellen Mittel und keine Zukunftsperspektiven. In die Vorstädte müssen Sie gehen, das ist viel Erfolg versprechender!" Fast jeder, der mir einen Rat geben wollte, sagte dasselbe.

Ob ich jemals daran gedacht habe, die Gemeinde in die Außenbezirke umzusiedeln? Aber ja! Wir haben alle Möglichkeiten ausgelotet, aber eines Tages kam mir ein Bibelwort in den Sinn: „Ich will in dir übrig lassen ein armes und geringes Volk; die werden auf den Namen des HERRN trauen" (Zef 3,12; Luther). Wo also ist demnach der beste Ort für eine Gemeinde? Inmitten des armen und geringen Volkes. Ich erkannte, dass wir unsere Kirche in der Innenstadt bauen müssen.

Ein Blick auf die Kirchengeschichte macht deutlich, dass die größten Kirchen in ihren besten Tagen – die *Tabernacle* von Spurgeon und viele andere – gerade hier, unter den Armen und Geringen des Volkes, wirkten. Seit fünf Jahren sind wir nun in der Stadt, und wir werden darum kämpfen, dass diese Gemeinde hier bleibt.

Die Antwort auf die Frage nach dem Gemeindewachstum liegt nicht zwangsläufig in einem Umzug in die Vorstädte. Die Antwort liegt darin, zu bleiben und die Last der Armen und Geringen mitzutragen.

Mittendrin

Auch nach fünf Jahren kommen die Leute, die wir auf unseren missionarischen Einsätzen treffen, immer noch Sonntag für Sonntag zu uns in den Gottesdienst, Ausreißer sind auch weiterhin willkommen, noch immer bringen wir Leute aus den sozialen Brennpunkten mit Bussen herbei, und eine große Zahl von Leuten mit geregeltem Einkommen, die uns unterstützen, steht treu zu uns. Ich sehe keinen Grund anzunehmen, dass sich daran etwas ändern sollte. Die *Los Angeles International Church* wird auch in Zukunft zu den Armen und Geringen stehen und ihnen dienen. Vielleicht fragen Sie jetzt: „Und was ist mit den Reichen?“ Auch sie sind selbstverständlich willkommen. Aber nicht mehr als irgendjemand sonst.

Wo werden denn große neue Gemeinden gegründet? In Beverly Hills? In Colorado Springs? Oder vielleicht in Palm Beach (Florida)? Nein, in den Innenstädten. Ihre Gemeinde wird so lange eine „echte“ Gemeinde sein, wie Sie auch für die Behinderten, Kranken und Armen da sind.

Manche fragen, wer für all diese Dienste an den Armen und für die Busse, mit denen wir die Leute holen, aufkommt. Die Antwort ist: Gott. Im Buch der Sprichwörter finden sich Verheißungen in Hülle und Fülle für diejenigen, die Armen helfen:

> „Wer seinen Nächsten verachtet, versündigt sich; aber wohl dem, der sich der Elenden erbarmt!“ (Spr 14,21; Luther).
>
> „Wer sich des Armen erbarmt, der leiht dem Herrn, und der wird ihm vergelten, was er Gutes getan hat“ (Spr 19,17; Luther).
>
> „Wer ein gütiges Auge hat, wird gesegnet; denn er gibt von seinem Brot den Armen“ (Spr 22,9; Luther).

Wenn man jedoch dieser Vorgehensweise folgt, muss man auch mit Konsequenzen rechnen. Vor einiger Zeit kam ein sehr einflussreicher Mann auf mich zu und zeigte mir Pläne für ein Bauprojekt, bei dessen Finanzierung er uns helfen wollte. Er sagte, man könne sich in einem solchen Dienst nicht auf die Armen stützen. Er fügte hinzu, er verfüge über umfangreiche finanzielle Mittel und könne uns helfen, wenn wir das Projekt nach seinen Plänen verwirklichen würden. Die Baupläne waren sehr schön. Man konnte erkennen, dass es sich um einen Gebäudekomplex für viele Millionen Dollar handelte.

Ich gab ihm jedoch zu verstehen, dass wir unser Gebäude nicht auf diese Weise bauen könnten. Er erwiderte, dass wir dann nicht darauf zählen könnten, dass Leute wie er sich uns anschließen, um mehr wohlhabende Mitglieder in unsere Gemeinde zu bringen.

„Das mag sein“, sagte ich, „aber wir werden die Bedürftigen nicht im Stich lassen.“

„Dann kann diese Gemeinde nicht überleben“, antwortete er.

Wenn man mich auf eine solche Weise unter Druck setzt, dann steigert das nur meine Entschlossenheit. Besagter Mann verließ unsere Gemeinde und weigerte sich, uns weiter zu unterstützen.

Woher unsere Unterstützung kommt

Sie müssen fest daran glauben, dass Ihr Traum sich erfüllen wird, weil der allmächtige Gott hinter Ihnen steht. Sein Einfluss reicht viel weiter als der Einfluss von Menschen. Als Christen sollten wir nie auf Konfrontation und Streit aus sein, aber wir müssen entschlossen für das einstehen, was wir glauben. Sie müssen an der Vision festhalten, die Gott Ihnen gegeben hat. Behalten Sie sie im Blick und lassen Sie sich nicht durch die Meinungen anderer ablenken.

Ich habe mehr als einmal zu hören bekommen, dass unser Werk zusammenbrechen würde. Aber wenn ich die Leute, die uns das prophezeit haben, heute auf unserem Gelände herumführen würde, könnte ich ihnen ein schuldenfreies Gebäude präsentieren und eine Organisation, die ein jährliches Budget von mehreren Millionen Dollar verwaltet. Ich könnte ihnen eine Gemeinde mit 200 Dienstzweigen zeigen, die Tausende von Menschen erreicht, eine christliche Schule und Rehabilitationsprogramme hervorgebracht hat und jede Woche 30 000 Mahlzeiten an Menschen in der Nachbarschaft verteilt.

Worum geht es mir, wenn ich den Skeptikern ein schuldenfreies Gebäude präsentieren will? Ich möchte ihnen vorführen, wie sehr der Gott, dem ich diene, die Armen und Geringen liebt. Es hat nichts mit mir zu tun, sondern mit der Liebe meines Vaters zu seinem Volk. Ich bin sehr froh, dass das Wirken Gottes nicht von einigen wenigen Leuten abhängig ist, die ein paar Dollar in der Tasche haben. Ich bin Gott dankbar, dass sein Werk nicht von denen abhängig ist, die niemals jemanden zu Jesus führen, die niemals im Bus mit hinausfahren und die niemals jemanden in die Gemeinde mitbringen. Das *Dream Center* ist schuldenfrei, weil Gott diejenigen finanziell versorgt, die ein Herz für seine armen Kinder haben.

> Ich bin sehr froh, dass das Wirken Gottes nicht von einigen wenigen Leuten abhängig ist,
> die ein paar Dollar in der Tasche haben.
> Ich bin Gott dankbar, dass sein Werk nicht von denen abhängig ist, die niemals jemanden zu Jesus führen,
> die niemals im Bus mit hinausfahren und
> die niemals jemanden in die Gemeinde mitbringen.

Ein ärmliches Ghetto

Versetzen Sie sich einmal mit mir nach Nazareth, ein ärmliches Ghetto. Als junger Prediger stand Jesus in der Synagoge, um seine erste Predigt zu halten. Er zitierte einen Bibelvers aus dem Propheten Jesaja: „Der Geist Gottes ist auf mir, weil der HERR mich gesalbt hat. Er hat mich gesandt, den Elenden gute Botschaft zu bringen, die zerbrochenen Herzen zu verbinden, zu verkündigen den Gefangenen die Freiheit, den Gebundenen, dass sie frei und ledig sein sollen" (Jes 61,1; Luther).

Jesus kam für fünf Gruppen von Menschen auf die Welt. Zuerst kam er, um den Elenden und Armen die gute Botschaft zu verkünden; zweitens, um die mit zerbrochenen Herzen zu verbinden; drittens, um den Gefangenen die Freiheit zu verkünden; viertens, um die Augen der Blinden zu öffnen; und fünftens, um die Verwundeten freizusetzen.

Dies sind die Dinge, um die es Jesus ging. Wenn wir es

versäumen, uns den Armen zuzuwenden, versäumen wir es, so wie Jesus zu werden.

Wir leben in einer wunderbaren Zeit! Noch nie in meinem Leben habe ich im Volk Gottes einen solchen Hunger danach gesehen, Bedürftigen zu dienen. Menschen, die bei uns waren und von der Vision angesteckt wurden, gründen nun ihrerseits weitere *Dream Center* in anderen Großstädten Amerikas – z. B. in San Francisco, Seattle oder in Columbus – und sogar im Ausland. Es ist an der Zeit, unsere Städte wieder für Gott einzunehmen.

Der Einfluss der Städte

Es gibt einen Faktor, der einen bestimmenden Einfluss auf unser ganzes Land ausübt. Die Kultur Amerikas wird in hohem Maße dadurch geprägt, was im Herzen der Städte passiert. Neue Musikstile entstehen in den Großstadt-Ghettos. Modestile werden dadurch geprägt, was Jugendliche in der Stadt tragen. Große Firmen schauen auf die Städte, um herauszufinden, was „in" ist und was nicht. Die Musiktrends in der Stadt beeinflussen auch die christliche Musikszene. Die Anbetungsmusik in den Gemeinden, die weiter außerhalb liegen, wird ganz stark durch die christliche Musikszene der Ghettos inspiriert. Was im Schmelztiegel der Innenstädte geschieht, bestimmt die Zukunft der Städte Amerikas und der Welt.

Unsere Gemeinde wird auch in Zukunft weiter mit Bussen Jugendliche in der Stadt aufgabeln, Wohnsitzlose und Straßenmissionare werden auch weiterhin offene Türen bei uns finden, und Gott wird auch in Zukunft für unsere Finanzen sorgen. Wir werden weiterhin das Evangelium verkünden, die Gemeinde wird auch künftig in der Innenstadt präsent sein, und die Pforten der Hölle werden sie nicht überwinden.

Wir tun die Dinge, die Jesus auch tat, und wir bleiben mitten unter den Armen und Geringen.

Wo ist der ideale Ort für eine Gemeinde? Wo immer die Not am größten ist.

Eine junge Frau aus der Nachbarschaft erzählte mir, wie viel ihr unsere Arbeit bedeutet und wie sehr ihr Leben dadurch verändert wurde. Dann blickte sie mich mit einem Mal etwas ängstlich an und sagte: „Bitte gehen Sie niemals aus unserer Gegend fort! Ich weiß nicht, was ich ohne diese Gemeinde machen würde." Diese junge Frau hatte niemals zuvor in ihrem Leben erlebt, dass etwas Bestand hatte.

„Bitte gehen Sie niemals aus unserer Gegend fort! Ich weiß nicht, was ich ohne diese Gemeinde machen würde."

Ich war so froh, dass wir als Gemeinde ihr den einen Rückhalt bieten konnten, auf den sie sich stützen konnte. Ich antwortete ihr: „Sehen Sie all die Arbeit und alles Geld, das in diese Räume hineingesteckt wird? All das ist für Sie. Wir haben hier noch so viel zu tun. Wir haben einen großen Traum für diese Stadt und wir werden nirgendwo anders hingehen." Ihr Gesicht begann zu leuchten, weil sie wusste, dass wir uns hier auf Dauer niedergelassen haben. Unsere Städte brauchen Leute, die eine ernst gemeinte Verpflichtung auf sich nehmen, die ihre Pflöcke tief in den Boden graben und sagen: „Hier bleiben wir!"

Kapitel 10

Verlassen, weggeworfen und vergessen

Es ist Samstag um zwei Uhr morgens: Auf dem Parkplatz vor unserem Gebäude werden Motoren angelassen. Leute steigen ein, um sich auf den Weg zum Straßeneinsatz zu machen. Sie hören richtig: Evangelisation jeden Samstag um zwei Uhr in der Frühe. Ein ganzer Trupp junger Leute, die in unserem Dienstzweig „Hoffnung für obdachlose Jugendliche“ mitarbeiten, schwärmt in die Straßen von Hollywood aus, um Teenager zu erreichen. Genau genommen handelt es sich um minderjährige Jungen und Mädchen, die hier der Prostitution nachgehen. Obwohl sie fast noch Kinder sind, ist ihr Körper unter dem Einfluss von Drogen früh gealtert. Diese „Kinder der Nacht“ kann man in Hollywood überall finden.

Die ganze Nacht über kommen sie am Busbahnhof in Hollywood an; einige jagen einem Traum nach, wieder andere sind einfach von zu Hause weggelaufen. Man sagt, dass diese Kinder in den ersten Wochen nach ihrer Ankunft aufgefangen werden müssen, weil sie sonst in die Hände von Zuhältern geraten. Junge Menschen sind sehr leicht beeinflussbar; es gibt fast nichts, wozu man sie nicht überreden kann, und schon nach kurzer Zeit sind ihre Praktiken ihnen zum Lebensstil geworden. Die Stadt, die zunächst so verlockend erschien, zeigt bald ihre hässliche Seite.

So gabelten unsere Mitarbeiter eines Nachts ein hübsches, 16-jähriges Mädchen auf. Dieses lebte als Prostituierte und war schwanger geworden. Sie trug das Kind aus und entschloss sich, es bei sich zu behalten und großzuziehen. Sie liebte ihr Baby und versorgte es, so gut sie konnte. Eines Tages hatte ihr Zuhälter genug – das Baby erhielt seiner Ansicht nach zu viel Aufmerksamkeit und die junge Frau verdiente nicht mehr genügend Geld. Er setzte dem Kind die Pistole an den Kopf und drückte ab. Danach nahm er einen heißen Lockenstab und tat der jungen Frau etwas so Schreckliches an, dass sie wohl nie wieder Kinder bekommen kann. Mittlerweile haben wir sie bei uns aufgenommen und sie hat ihr Leben Jesus gegeben und hat ein neues Leben angefangen, jenseits des unerträglichen Schmerzes, der früher Teil ihres Lebens war.

Verblasster Glanz

Solche Lebensschicksale sind mir mittlerweile leider nur allzu vertraut. Diese Kinder sind in einer Welt aus Drogenabhängigkeit und anderen Alpträumen gefangen. Sie tun schließlich alles, um zu überleben, und ihr Leben ändert sich drastisch. Sie sind gezwungen, in verlassenen Gebäuden und auf Bahnhöfen, manche sogar in Mülltonnen oder Pappkisten, zu hausen. Innerhalb von Tagen hat sich ihr Hollywood-Traum in Luft aufgelöst.

> Diese Kinder tun alles, um zu überleben. Bereits nach wenigen Wochen hat sich ihr Leben drastisch geändert und sie schlittern einem schrecklichen Schicksal entgegen.

Im *Dream Center* versuchen wir, dieser Not zu begegnen. Unsere Jugendarbeiter sind jede Woche unterwegs, um Beziehungen zu diesen Teenagern aufzubauen. Manchmal nehmen sie Essen in eines der Abbruchhäuser mit, in denen die Jugendlichen leben. Ein anderes Mal nehmen sie ihre Schlafsäcke mit und übernachten bei ihnen. Das baut eine tiefe Verbundenheit auf. Die Jugendlichen können nicht begreifen, warum eine Gruppe von Christen regelmäßig zu ihnen kommt, geschweige denn die Nacht bei ihnen verbringt. Im selben Haus setzt sich in der einen Ecke vielleicht gerade jemand einen Schuss, in einer anderen Ecke praktiziert jemand Zauberei. Unser Ziel ist es, in ihrem Leben einen Funken von Hoffnung zu entzünden.

Ich habe gelernt, dass jeder Mensch sich ändern kann. Von einer Minute zur nächsten kann jene Kraft in ihnen entzündet werden, die sagt: „Ich werde es schaffen, dieses Leben hinter mir zu lassen! In mir steckt mehr als das, was ich gerade lebe." Darum lohnt es sich immer, treu zu sein. Wir wissen niemals im Voraus, wann der Tag kommt, an dem wir etwas sagen oder tun, das schließlich den Ausschlag zur Veränderung gibt. Bei manchen Menschen ist dieser Wendepunkt sehr schnell erreicht, wenn sie die Liebe spüren, die wir ihnen entgegenbringen. Andere wiederum brauchen Jahre, um den Durchbruch zu schaffen, aber eines Tages fällt auch bei ihnen der Groschen.

Ich glaube, es ist möglich, das Herz eines jeden Menschen zu erreichen und eine mächtige Kraft freizusetzen, die der langjährigen Verzweiflung entgegenwirkt. Nahrungsmittel an Arme zu verteilen halte ich für sehr wichtig, aber wirkliche Veränderung entsteht durch langjährige Beziehungen und Freundschaften. Nahrungsmittelspenden können ein Türoffner sein, aber nur die Kraft Gottes verändert das Leben eines Menschen.

Mit unserem Dienstzweig „Hoffnung für obdachlose Jugendliche" erreichen wir nicht nur die Teenager, die in Abbruchhäusern leben; wir wenden uns auch an Prostituierte. Die jungen Frauen, die hier mitarbeiten, haben einen sehr schönen Weg gefunden, auf diese Mädchen zuzugehen. Sie schenken ihnen Rosen, um ihnen zu zeigen, dass sie geliebt und respektiert werden. Viele der Mädchen und jungen Frauen beginnen dann zu weinen. Jeder Mensch verdient es, mit Achtung und Respekt behandelt zu werden. Obdachlose sollte man, so wie jeden anderen Menschen auch, mit einem Blick in die Augen und einem freundlichen Händedruck begrüßen. Ebenso sollten Prostituierte merken, dass wir ihre Menschenwürde achten. Diese Mädchen wissen nach einiger Zeit, dass wir unser eigenes Leben für sie hingeben würden.

> Wirkliche Veränderung entsteht durch langjährige Beziehungen und Freundschaften. Nahrungsmittelspenden können ein Türoffner sein, aber nur die Kraft Gottes verändert das Leben eines Menschen.

„Schaue jedem in die Augen“

Es wird erzählt, dass John F. Kennedy zu einem seiner großen politischen Auftritte folgenden Rat von seiner Frau mit auf den Weg bekam: „Es werden heute Tausende von Menschen anwesend sein. Geh langsam durch die Menge und schaue jedem in die Augen.“ Welch ein weiser Ratschlag!

In unserer heutigen Gesellschaft lernen wir, möglichst an Menschen vorüberzugehen, ohne ihren Blick zu erwidern. Als ich einmal in New York war, konnte ich gar nicht fassen, wie starr die Menschen vor sich hinblickten, während sie die Straßen entlangeilten. Auch in der U-Bahn vermieden sie jeden Blickkontakt. Wenn wir mit einer anderen Person reden, sollte immer spürbar sein, dass wir ihr Achtung entgegenbringen. Genau das versuchen wir mit den Jugendlichen in den Straßen von Hollywood.

Einmal wurde mir vor einem unserer Abendgottesdienste eine junge Prostituierte vorgestellt. Ich erzählte ihr, wie sehr ich mich über ihren Besuch in unserer Gemeinde freute. Andere Mitarbeiter kamen vorbei und hießen sie warmherzig willkommen. Sie schaute mich mit großem Erstaunen an und sagte: „Ich begreife das irgendwie nicht. Warum ist hier jeder so nett zu mir?" Alles, was sie kannte, waren Missbrauch und Gewalt. Sie konnte nicht glauben, dass sich irgendjemand tatsächlich über ihre Anwesenheit freute.

Vielen dieser Mädchen bieten wir Unterkunft, Seelsorge, Mentorbeziehungen und eine Ausbildung an. Wir helfen ihnen, sich wieder in die Gesellschaft zu integrieren. Einige Jugendliche wollen dieses Hilfsprogramm zwar nicht durchlaufen, lassen sich aber jeden Donnerstag mit dem Bus in die Gottesdienste bringen. Sie sitzen in der ersten Reihe, und fast alle reagieren auf den Altarruf, ihr Leben mit Gott neu zu beginnen. Sie brauchen einfach ein Umfeld, in dem sie geliebt werden.

Einer unserer neuesten Dienstzweige konzentriert sich auf die Zuhälter. Männer aus unserer Gemeinde laufen in den Straßen Hollywoods auf und ab und suchen das Gespräch mit Zuhältern, um ihnen das Evangelium zu bringen. Viele von ihnen haben ihr Leben Christus anvertraut und ihr Leben völlig verändert.

Auf den Straßen ist wirklich niemand außer Reichweite. Unsere Teams sind wie Such- und Rettungstrupps, die die Straßen kontrollieren. Selbst die Polizei bestätigt inzwischen, dass die Prostitution dank des treuen Dienstes unserer Mitarbeiter von „Hoffnung für obdachlose Jugendliche" vom Hollywood Boulevard verschwunden ist.

All diese Dienste haben riesige Veränderungen bewirkt. Viele üble Missstände konnten über die Jahre eingegrenzt und zurückgedrängt werden. Wir sind einfach nicht bereit zu akzeptieren, dass die Straßen unserer Stadt dem Teufel gehören. Wir beanspruchen unsere Straßen für Gott und glauben, dass alle Jugendlichen gerettet werden können. Unsere jungen Mitarbeiter sind von einem beharrlichen Drang beseelt, Veränderungen im Leben von Menschen zu sehen.

Auf dem Hollywood Boulevard gibt es das berühmte *Mann's Chinese*-Theater. Hier werden alle großen Hollywood-Premieren gezeigt. Eines Abends hatten sich wieder lange Warteschlangen gebildet und das Kino war bis auf den letzten Platz ausverkauft. Während die Leute warteten, lief unser Team mit einem Sarg an der Menschenmenge vorbei, als handele es sich um eine Trauerprozession. Dieser Anblick erweckte sofort die Neugier und Aufmerksamkeit der Leute.

Direkt vor dem Eingang hielt die Gruppe an und öffnete den Sargdeckel. Im Sarg lagen Fotos von jungen Leuten, die einen frühen Tod gestorben waren. Nacheinander wurden die Geschichten dieser Jugendlichen erzählt und wie die Sünde ihr Leben zerstört hatte.

„Hilfe für obdachlose Jugendliche" kümmert sich auch um die zahlreichen Jugendlichen, die an den Stränden leben. Ein Schwerpunkt ist *Venice Beach.* Tausende von Menschen sammeln sich hier Woche für Woche und schlendern den belebten Strand auf und ab. Es ist einer der verrücktesten Orte der Welt. Hier ist alles zu finden: ein Mann, der behauptet, „der größte Säufer der Welt" zu sein, Wahrsager, New-Age-Propheten, Menschen, die allen Ernstes glauben, sie seien Gott, bis hin zu Muslimen, die ihren Zuhörern einhämmern, sie seien auf ewig verdammt. All das gibt es dort.

Auch unsere Mitglieder sind dort zu finden und erzählen vor Tausenden die Geschichte von Jesus Christus. Eines Tages benötigten sie einen Mann, der in einem kurzen Theaterstück Jesus darstellen sollte. Sie wählten einen jungen Mann aus der Menge aus, legten ihm einen Umhang um und baten ihn, Jesus zu spielen. Er wollte eigentlich gar nicht mitmachen. Die Mitglieder wussten nicht, dass er als Priester in satanischen Kreisen tätig war. Die Geschichte wurde vorgelesen und die Darsteller spielten sie nach. Als sie den Bericht über die Kreuzigung erreichten, war der Mann so bewegt, dass er in Tränen ausbrach. Als die Mitarbeiter die Zuschauer aufriefen, ihr Leben mit Gott in Ordnung zu bringen, vertraute auch er sein Leben Jesus an. Das Team nahm ihn mit zum *Dream Center* und heute macht er eine Ausbildung zum Prediger.

Ich könnte Ihnen eine Geschichte nach der anderen erzählen, wie junge Leute aus der Dunkelheit eines Lebens ohne Gott errettet wurden. Auch in Ihrer Stadt gibt es junge Menschen, die einsam und verängstigt sind und jede Hoffnung aufgegeben haben. Finden Sie einen Weg, wie Sie und Ihre Gemeinde diese Jugendlichen erreichen können. Finden wir Wege, um den Leuten zu dienen, die zu uns in die Gemeinden und Jugendgruppen kommen, und entreißen wir sie der Zerstörung, auf die sie zusteuern.

Teen Reach

Neben unserer „Hilfe für obdachlose Jugendliche" haben wir ein weiteres Programm, das sich *Teen Reach* nennt. Dabei handelt es sich um ein Heim für einige der schwierigsten Jugendlichen der Stadt. Mit Erlaubnis der Eltern nehmen wir diese Kinder zu einer einjährigen Jüngerschaftsschule auf. Häufig müssen wir diese außer Kontrolle geratenen Teenager – mit Zustimmung der Eltern – erst in Such- und Rettungsaktionen ausfindig machen. Unsere Mitarbeiter gehen auf Partys, suchen bekannte Jugendtreffpunkte auf und mischen sich unter die Anwesenden. Wenn sie die gesuchte Person ausfindig gemacht haben, führen sie mit ihr ein Gespräch über Jesus. Ich möchte es noch einmal ganz deutlich sagen: Wir tun dies auf ausdrücklichen Wunsch der Eltern. Später nehmen unsere Mitarbeiter sie mit in unser *Teen Reach*-Zentrum. Hier unterstützen wir sie dabei, ein gottgefälliges Leben zu führen. Mir ist in meinem Leben noch niemals eine Gruppe von Menschen begegnet, die mit größerer Leidenschaft und Hingabe für Gott lebt. Sie beten jeden Morgen zwei Stunden lang, und wenn sie beten, wackeln in unserer Gemeinde regelrecht die Wände.

Einmal wurde ein junger Mann von seinen Eltern ins *Teen Reach*-Zentrum gebracht. Er hatte Drogenprobleme und gehörte seit Jahren diversen Straßengangs an. Wenige Minuten nach seiner Ankunft bei uns war er schon wieder abgehauen. Unsere Such- und Rettungsmannschaft machte ihn jedoch nach kurzer Zeit auf der Straße ausfindig und verfolgte ihn über Zäune und Mauern hinweg. Einer unserer Mitarbeiter wurde bei dieser Aktion sogar noch von einem Hund gebissen, aber schließlich wurde der Junge eingeholt und ins *Teen Reach*-Zentrum zurückgebracht. Er wurde sofort in den nächsten Gottesdienst mitgenommen, der gerade angefangen hatte. Obwohl dieser Teenager völlig widerwillig im Gottesdienst saß, sprach ihn eine Frau an und sagte ihm, wie wichtig es für ihn sei, seine Beziehung zu Gott in Ordnung zu bringen. Gott drang irgendwie zu ihm durch. Der Junge hob seine Hand und gab zu erkennen, dass er dies tun wolle, und wurde sofort von etwa 30 anderen *Teen Reach*-Jugendlichen umringt, die annähernd eine Stunde lang für ihn beteten. Schließlich betete fast die ganze Gemeinde für ihn und er machte einen radikalen Neuanfang. Heute ist er einer der tragenden Mitarbeiter im *Teen Reach*-Programm.

Junge Menschen haben es in der heutigen Zeit nicht einfach. Sie sehen sich von Sünde, Drogen und negativen Eindrücken durch Fernsehen, Filme und das Internet umgeben. Schon sehr früh in ihrem Leben werden sie mit Impulsen konfrontiert, die sie noch nicht verarbeiten können. Das Ergebnis ist ein Heer von verstörten, zornigen Kindern ohne echte Hoffnung, die mit jeder Form von Perversion vertraut sind.

Bisher wurde allgemein angenommen, dass Gewalt ein Problem der Armen-Ghettos unserer Großstädte sei, aber es wird immer augenscheinlicher, dass wir dasselbe Problem auch in den wohlhabenderen Vorstädten finden. Egal, wo sie aufwachsen: Unsere Jugendlichen sind auf der Suche nach etwas, das ihrem Leben Sinn gibt. Sie sind bereit, ihr Leben für alles Mögliche aufs Spiel zu setzen und alles Mögliche auszuprobieren. Aber alles Geld der Welt reicht nicht; sie brauchen einen Traum, ein Ziel, für das sie leben können, sonst wird ihr Leben unerfüllt bleiben.

Auf Jugendkonferenzen in ganz Amerika predigen wir unseren Teenagern Enthaltsamkeit: „Habt keinen Sex vor der Ehe, nehmt keine Drogen, trinkt keinen Alkohol!“ Aber das reicht nicht; wir müssen ihnen noch etwas anderes vermitteln. Wir müssen unsere jungen Leute ermutigen, einen Lebenstraum zu haben. Jugendliche werden sehr schnell vom äußeren Glanz und den Angeboten der Gesellschaft verführt. Darum müssen wir in ihnen schon in ganz jungen Jahren den Mut zum Träumen wecken, aber in einer Weise, die Gott gefällt.

Neulich las ich Statistiken, in denen die Werte und Moralvorstellungen von Christen und Nichtchristen gegenübergestellt werden. Es zeigt sich, dass zwischen den Moralvorstellungen der Kirche und der Gesellschaft kaum Unterschiede bestehen. Das erklärt, warum sich die Jugendliche in den Gemeinden in moralischer Hinsicht fast nicht von anderen Teenagern unterscheiden. Mir fiel die Schriftstelle ein, die besagt: „Wo keine Offenbarung [oder Vision] ist, wird das Volk wild und wüst“ (Spr 29,18; Luther).

Wenn junge Leute einen göttlichen Lebenstraum haben, werden sie sich nicht in sexuelle Affären verstricken. Ihnen wird bewusst, dass ein solcher Lebensstil sie ihrem Traum nicht näher bringt. Ihre Träume werden ihnen wichtiger sein als kurzfristige Abenteuer. So werden Teenager ganz von selbst die Grenzen der Maßstäbe Gottes einhalten, weil sie alles vermeiden wollen, was die Erfüllung der Vision, die Gott ihnen geschenkt hat, behindern könnte.

Während ich an diesem Buch schrieb, erhielt ich die Nachricht, dass ein junger Mann aus unserem Stadtviertel erschossen wurde. Der Mord ähnelte einer Hinrichtung: vier Kugeln in den Kopf und drei Kugeln in den Rücken. Irgendein Mitglied einer feindlichen Gang hatte dieses Leben ausgelöscht. Das Ganze geschah nur wenige Straßen von unserer Gemeinde entfernt. Warum tut ein Jugendlicher so etwas? Er hat keinen Lebenstraum. Er hat nichts, wofür es sich zu leben lohnt. Er träumt nicht davon, Pastor zu werden oder Arzt oder irgendetwas anderes. Deshalb ist ihm nichts im Leben kostbar; er hat weder Werte noch Grenzen. Aus diesem Grunde bedeutet ihm auch das Leben eines anderen nichts.

Die meisten jungen Leute, die bei uns eine Rehabilitation durchlaufen, bleiben ein Jahr lang bei uns, in dem wir versuchen, ihnen ein solides geistliches Fundament zu geben. Gleichgültig, aus welchem sozialen Hintergrund sie einst kamen, wenn sie unsere Einrichtung verlassen, haben sie eine Vision und einen Lebenstraum, den sie mit Hingabe verfolgen.

> Wenn Sie es versäumen, Ihrem Kind eine Vision zu vermitteln und die Erwartung, dass es in dieser Welt etwas Positives bewirken wird, dann kann es sehr schnell passieren, dass es sich von Gott abwendet.

Wenn Sie Eltern sind, können Sie Ihren Kindern zum 18. Geburtstag ein nagelneues Auto schenken oder sie immer nach der neuesten Mode einkleiden, aber wenn Sie es versäumen, Ihrem Kind eine Vision zu vermitteln und die Erwartung, dass es in dieser Welt etwas Positives bewirken wird, dann kann es sehr schnell passieren, dass es sich von Gott abwendet.

Mein Vater hat mich immer wieder davon überzeugt, dass die Vision, Gott zu dienen, viel größer ist als jeder Traum, den die Welt uns geben kann. Diese Gewissheit treibt mich bis zum heutigen Tag an.

Lassen Sie uns die Kinder der Nacht nicht vergessen, die niemanden haben, der sie liebt, und die jede Hoffnung im Leben aufgegeben haben. Lassen Sie uns diese Kinder lieben und ermutigen, sich wieder auf die Füße zu stellen und das Träumen neu zu lernen.

Kapitel 11

Zum Erfolg entschlossen

Kevin Brown ist einer der Star-Baseballspieler der *Los Angeles Dodgers*. Bevor er dort seinen Vertrag unterzeichnete, hatte noch nie etwas von ihm gehört. Unsere Gemeinde ist nur knapp zwei Kilometer vom Stadion der *Dodgers* entfernt, und wenn er spielt, versuche ich, im Stadion zu sein. Eines kann man diesem Spieler als Zuschauer abspüren: Er hat einen unbändigen Drang zu gewinnen. Der Gedanke, verlieren zu müssen, ist ihm verhasst.

Eines Abends schaute ich im Fernsehen einem Spiel zu, und es fiel mir auf, dass er immer, wenn er sich auf seinen berühmten Wurf vorbereitete, so aussah, als ob er sich in einer Art Trance befände. Er war so konzentriert, dass er förmlich in einer anderen Welt zu sein schien. Obwohl um ihn herum Zehntausende von Zuschauern waren, schien er überhaupt keine Notiz davon zu nehmen, weil seine Aufmerksamkeit ganz auf seine Aufgabe gerichtet war.

Immer, wenn ich einen Motivationsschub brauche, schaue ich Kevin beim Werfen zu; das bringt mich unheimlich auf Trab. Immer wenn er seine Aufgabe erledigt hat, setzt er sich wieder auf die Mannschaftsbank und redet die nächsten drei Stunden mit niemandem ein Wort. Er lacht nicht und redet nicht einmal mit den Trainern. Jeder lässt ihn in Ruhe. Er sitzt einfach mit einem Ausdruck von Entschlossenheit im Blick da und hält alles von sich fern, das ihn vom Spiel ablenken könnte.

Ich habe noch nie erlebt, dass sich jemand so auf eine Aufgabe konzentriert hat. Manche halten ihn für etwas seltsam, aber ich glaube, ich weiß, was in ihm vorgeht. Er nimmt seine Aufgabe einfach sehr ernst und will Erfolg haben. Seine grimmige Entschlossenheit zum Erfolg hat ihn zu einem der großen Werfer im heutigen Baseball gemacht.

Die Mentalität eines Kevin Brown

Ich war immer der Überzeugung, dass wir Christen auf dieser Welt die Menschen mit dem größten Willen zum Erfolg sein sollten. Wir brauchen die Mentalität eines Kevin Brown: Wir sollten uns jeden Tag neu bewusst machen, dass wir für den lebendigen Gott arbeiten und dass jeder Tag unwiederbringlich ist.

Jeden Morgen ermutige ich mich selbst mit einer kleinen mentalen Übung, die mich auf die wichtigen Dinge des Tages vorbereitet. Ich nehme mir bewusst vor, alles daranzusetzen, für jede Aufgabe des Tages mein Bestes zu geben, egal, welchen Menschen oder Umständen ich mich gegenübersehe.

Während meiner Zeit als Pastor habe ich gelernt, dass allein unsere Bereitschaft auszuharren schon einen guten Teil des Erfolges ausmacht. Wenn Sie das Wirken Gottes erleben wollen, dann müssen Sie vor allem Ausdauer aufbringen. Viele scheitern bereits daran! Immer wieder höre ich von Pastoren, die in eine Stadt kommen und eine Gemeinde gründen. Doch sobald es Ärger gibt, sobald Dinge schief gehen und die Gemeinde nicht wächst, geben sie auf und machen einen Rückzieher. Wenn Pastoren nur bereit wären, über Jahre hinweg auf ihrem Posten auszuharren, wäre unser Land vielleicht bald errettet. Aber leider ist dies nicht der Fall. Wenn widrige Umstände auftauchen, Fehler passieren und die eigene Vision einen Dämpfer erhält, geben viele auf.

Wer in den Städten etwas bewegen will, für den ist dieser Wille zum Erfolg unabdingbar. Wir dürfen Niederlagen nicht hinnehmen. Gewinner nehmen die Ereignisse des Tages vorweg und erwarten, dass ihnen Gutes widerfährt. Versager dagegen bekommen genau das, was sie erwarten. Mein Vater sagt immer: „Was immer du fürchtest – gerade das wird über dich kommen." Wir müssen Vertrauen in die Vision haben, die Gott uns geschenkt hat, sie von ihm annehmen und mit der Sorgfalt und dem Fleiß behandeln, die ihr zukommen.

Jeder sieht sich mit Situationen konfrontiert, in denen er am liebsten aufgeben möchte. Die einen tun es tatsächlich, andere hingegen schütteln den Gedanken daran schnell wieder ab. Jedes Mal, wenn ich mir die finanziellen Anforderungen vor Augen halte, vor denen wir als Gemeinde stehen, bin ich versucht aufzugeben, aber ich habe, bildlich gesprochen, noch nie das Spielfeld verlassen.

Wir neigen dazu, Versagen zu persönlich zu nehmen. Wenn wir Fehler gemacht haben, sollten wir wieder aufstehen und uns vor Augen halten, dass nach einer Ebbe wieder eine Flut kommt und dass die Zeit somit für uns arbeitet.

Viele von uns scheuen sich vor dem Wettbewerb. Wir wollen um keinen Preis riskieren, als Verlierer dazustehen. Also drücken wir uns lieber vor allzu großen Träumen und Zielen. Der Erfolg beruht jedoch nicht auf unserer Leistung, sondern auf unserem Bemühen.

Ich bin mir sicher, dass Gott uns nicht danach beurteilen wird, wie groß die Gemeinde ist, die wir gegründet haben, sondern danach, wie wir uns in den kleinen Dingen Tag für Tag eingesetzt haben. Wenn wir vor Gott stehen, wird er sagen: „Sehr gut, du bist ein tüchtiger Diener." Gott sucht nach treuen Kämpfern. Ich liebe die Vorstellung, dass ich einfach mein Bestes gebe und dann Gott entscheiden lasse, was für eine Gemeinde er mir geben will.

Gott wird uns aber nicht danach beurteilen, wie groß die Gemeinde ist, die wir gegründet haben, sondern danach, wie wir uns in den kleinen Dingen Tag für Tag eingesetzt haben.

Ein Sieger für Gott

Als Junge war ich über mehrere Jahre hinweg in meiner Altersklasse Landesmeister im Ringen. Ich war in dieser Zeit sehr siegesverwöhnt. Fünf Jahre lang habe ich fast jeden Samstag an irgendwelchen Wettkämpfen teilgenommen und niemals verloren. Von meinem siebten bis zu meinem zwölften Lebensjahr ist es mir nie in den Sinn gekommen, dass man auch verlieren kann.

Einmal musste ich für die Landesmeisterschaft zwei Pfund abnehmen, um in meiner Gewichtsklasse kämpfen zu können. Ich war zwar nur noch Haut und Knochen, aber die zwei Pfund musste ich trotzdem loswerden. Mein Vater begleitete mich in einen Fitness-Club und ich verbrachte eine halbe Ewigkeit in der Sauna. Am nächsten Morgen fühlte ich mich schwach und müde, weil ich am Tag zuvor nichts gegessen hatte. Aber ich erreichte mein Ziel und wurde in meiner Gewichtsklasse zugelassen.

Der Tag verging mit einer Serie von Wettkämpfen. Bei der Endausscheidung für den Landesmeister hatte ich keine Kraft mehr. Ich hatte all meine Energiereserven eingesetzt und nun konnte ich mich kaum noch auf den Füßen halten.

Zum ersten Mal in all den Jahren verlor ich.

Für mich war es einer der schwersten Tage in meinem jungen Leben. Mein Kontrahent sprang mit geballter Faust in die Luft und die Menge der Zuschauer johlte. Ich blieb einfach auf der Matte liegen und fing an zu weinen. Mein Trainer kam und half mir auf die Beine. Er versuchte, mich zu ermutigen, und führte mich in einen Raum, in dem ich eine Weile alleine sein konnte.

Während ich dort saß, dachte ich weinend über den letzten Kampf nach. Als mein Vater schließlich in den Raum kam, war ich zuerst verunsichert, wie er reagieren würde. Würde er ärgerlich sein oder kritisieren, dass ich nicht mehr gegeben hatte? Er setzte sich neben mich und sagte: „Mein Sohn, jahrelang habe ich dich von Wettkampf zu Wettkampf begleitet und du hast immer gewonnen." Dann legte er seinen Arm um meine Schulter und fuhr fort: „Als ich dir heute zugeschaut habe, war mir klar, dass der Tag kommen musste, an dem du auch einmal eine Niederlage erlebst. Heute habe ich mir fast gewünscht, du würdest verlieren, weil mir das die Gelegenheit gibt, dir zu zeigen, dass ich dich auch ohne große Siege lieb habe. Du hast dein Bestes gegeben und das macht dich zu einem wahren Meister."

Ich habe diese Lektion nie vergessen und sie begleitet mich bis heute. Gott möchte, dass wir unser Bestes geben, und dann ist es egal, ob die Dinge positiv oder negativ ausgehen – in seinen Augen sind wir Sieger.

Manche Menschen wollen sich nicht dem Schmerz stellen, den es mit sich bringt, wenn man auf der Verliererseite ist. Andere hingegen sind bereit, alles auf eine Karte zu setzen, wenn es eine Chance gibt zu gewinnen. Wir brauchen uns vor Niederlagen nicht zu fürchten, weil wir nie wirklich verlieren können, wenn wir Gott treu sind.

Treibstoff für den Traum

Als ich in Los Angeles ankam, begann ich meine Arbeit in einer der schwierigsten Gegenden. Sie trägt den Namen *Jordan Downs Housing Project* und ist so bekannt für die häufigen Morde und Gewalttaten, die dort geschehen, dass sogar Filme darüber gedreht werden.

Eines Tages hielten wir dort gerade unsere Kinderkirche ab, als ein sehr feindselig gestimmter Mann auf mich zukam. Er war aber weder ein Bandenmitglied noch ein Drogenhändler, er war Pastor. Er sagte, dass ich hier nichts zu suchen hätte und dass wir verschwinden sollten. Er benahm sich fast wie ein Mitglied einer rivalisierenden Gang, das sein Revier verteidigt. Er warf mir vor, dass ich hier nur ein falsches Spiel spielte und mich irgendwann ja doch wieder verdrücken würde. Dann wäre alles, was den Menschen hier bliebe, eine weitere Enttäuschung. Ich hielt ihm entgegen, dass wir doch schon seit mehr als einem Jahr in die Siedlung kämen, aber das ließ er nicht gelten. Er sah die Dinge so, wie es in sein Bild passte.

Dieser Mann verletzte mich zutiefst. Ich verschwand hinter einem Haus und begann zu weinen. Auf keinen Fall wollte ich mir diese Blöße geben, aber sobald ich außer Sichtweite war, konnte ich die Tränen nicht zurückhalten. Er hatte mich mit seinen Äußerungen zutiefst demoralisiert. Ich dachte einen Moment lang darüber nach, was er mir gesagt hatte, dann wischte ich mir die Tränen aus dem Gesicht und ging wieder zu den Kindern. Bevor ich die Siedlung an jenem Tag verließ, ging ich noch einmal zu ihm hin und sagte: „Was Sie da heute gesagt haben, hat mich tief verletzt, aber das ändert nichts daran, dass wir auch in fünf Jahren immer noch hier sein werden!“ Heute, fünf Jahre danach, ist von diesem Mann nichts mehr zu sehen, aber wir lassen uns nicht beirren. Manche Leute lassen sich durch Kritik einschüchtern. Andere dagegen behaupten ihren Stand und beziehen aus den Angriffen sogar neue Kraft, um weiter dem Traum nachzueifern, den Gott ihnen eingegeben hat.

Alle großen Gemeinden haben eines gemeinsam: Sie haben Pastoren, die über Jahre hinweg Ausdauer bewiesen haben. Sie sind jahrzehntelang auf ihrem Posten und sind entschlossen zu gewinnen. Ich bin hier in Los Angeles tagtäglich Prüfungen ausgesetzt, aber die Prüfungen haben mich zu dem gemacht, was ich bin. Ohne sie gäbe es kein Wachstum in meinem Leben. Aus heutiger Sicht bin ich jenem Mann sogar dankbar, dass er mich so angegangen ist, weil Gott das Gespräch gebraucht hat, um an mir zu arbeiten.

Wie man sich Versagen zunutze macht

Das Alte Testament beschreibt Nebukadnezar als einen ruchlosen König. Was er dem Volk Gottes antat, war derart brutal, dass mich allein der Gedanke daran schaudern lässt. Er war verantwortlich für einen Holocaust, bei dem viele Tausende von Juden ermordet wurden. Er zerstörte den Tempel, den bronzenen Altar, das Allerheiligste und alle heiligen Einrichtungsgegenstände des Tempels. Auch die Stadt Jerusalem zerstörte er; seine Soldaten zerstörten jedes einzelne Haus und machten die Stadtmauer dem Erdboden gleich. Seine Herrschaft war so erdrückend, dass es zu einer Hungersnot kam, bei der die Menschen buchstäblich ihre Kinder aßen. Für all das war König Nebukadnezar in seiner erbarmungslosen Brutalität verantwortlich. Und doch nannte Gott ihn seinen Diener.

Ich kann mir vorstellen, dass Gott einen Mose oder Abraham seinen Diener nennt, aber Nebukadnezar? Ein Mann, der alles hasste, was zu Gott gehörte, soll sein Diener sein – wie ist das möglich? Weil Gott eines Tages auf ihn herabschaute und etwa Folgendes sagte: „Dieser ungerechte König ist voller Hass gegen mich. Dieser ungerechte König ist darauf aus, mein Werk zu vernichten. Dieser ungerechte König maßt sich an, mich und mein Volk zerstören zu wollen. Ich werde ihm eine Lektion erteilen. Ich mache ihn zu meinem Diener. Ich werde seine Bosheit für meine guten Absichten gebrauchen. Er meint, er tue meinem Volk Gewalt an, doch in Wahrheit ist er nichts als mein Diener. Er wird weder mich noch mein Volk antasten. Ich werde dafür sorgen, dass er nichts als meine Pläne zum Besten meines Volkes ausführen kann. Seine bösen Vorhaben werden meinem Werk nichts anhaben. Nein, sie werden meinem Werk dienlich sein; ich werde seine Bosheit gebrauchen, um Gutes daraus hervorzubringen."

Dasselbe können auch Sie. Was auch immer Ihnen widerfährt, kann Ihnen zum Diener werden. Ob es Ihr persönliches Versagen ist oder eine bedrückende Vergangenheit. Machen Sie es sich zum Diener! Vielleicht ist es jemand, der Ihnen etwas Schlimmes angetan hat, oder ein zerbrochener Traum. Lassen Sie sich nicht durch solche Erlebnisse beeinflussen. Unterwerfen Sie sie sich und machen sie sich zum Helfer. Wo immer das Leben Ihnen übel mitgespielt hat, drehen Sie den Spieß um, sodass Sie von Ihren Erfahrungen profitieren. Machen Sie sich Ihre Vergangenheit zum Diener!

Die Kraft der Zuversicht

Viele junge Leute in den innerstädtischen Ghettos bekommen immer nur negative Bemerkungen über sich zu hören: „Dein Vater ist ein Säufer und du wirst auch einer werden", so die allgemeine Überzeugung. Die meisten der Leute, mit denen wir arbeiten, haben eine tief verwurzelte Versager-Mentalität. Sie erwarten, dass sie versagen werden, noch bevor sie überhaupt etwas versucht haben. Wenn ich ihnen ein Kompliment mache, haben sie große Mühe, es anzunehmen, weil sie die guten Seiten an sich nicht sehen können.

In unserer Gemeinde versuchen wir, die Kraft der Zuversicht in den Leuten wiederherzustellen. Wenn jemand lange Zeit süchtig war, dann hat er eine selbstzerstörerische

Einstellung. Wenn er dann etwas richtig macht, kommt ihm das so fremd und unglaublich vor, dass er fast unweigerlich bald wieder in alte Verhaltensmuster zurückfällt.

Wir vertreten die „Neue Schöpfungs-Theorie", das heißt, dass ein Mensch in Christus eine neue Person ist, die noch einmal ganz von vorne anfangen und ihr Leben nach neuen Prinzipien des Glaubens umprogrammieren kann. Wenn es uns gelingt, in einem Menschen die Kraft der Zuversicht zu wecken, dann haben wir auch seine Leistungskraft wiederhergestellt. Wir verwenden nicht viel Zeit darauf, über die Vergangenheit zu reden; wir richten den Blick der Menschen auf die Zukunft. Wir versuchen, die Opfermentalität zu durchbrechen, all die Rechtfertigungen, warum Leute so enden, wie sie enden. Wir konzentrieren uns darauf, wie offensichtliche Schwächen überwunden werden können.

Als ich noch ein junger Evangelist war, fuhr ich einmal mit dem Pastor einer Gemeinde, in der ich zu Gast war, im Auto. Er zählte mir alle Schwächen seiner Gemeinde auf. Nacheinander offenbarte er mir alles, was in seiner Gemeinde schief ging. Er schaute mich an und sagte: „Die Leute hier sind einfach nicht bereit, sich verbindlich in der Gemeinde einzubringen. Ich kann es kaum erwarten, woanders hinzugehen, wo die Leute mehr wollen." Obwohl ich damals gerade 17 Jahre alt war und sicherlich nicht vor Lebensweisheit strotzte, dämmerte es mir, dass das Problem hier nicht die Gemeinde war, sondern der Pastor selbst.

Die Leute in einer Gemeinde werden sich nur dann verbindlich engagieren, wenn sie sehen, dass ihr Pastor sich verbindlich für sie einsetzt. Wenn er sie liebt, sie bestätigt, seine Vision mit ihnen teilt und sie auffordert, ihm zu folgen, dann kommen sie aus der Reserve. Das Geheimnis ist, sich dort, wo Gott uns hinstellt, einzuwurzeln, alles zu geben und nicht zurückzuschauen.

Gefangene der Hoffnung

Allen Gesetzen der Vernunft nach zu urteilen, sollte es unsere Gemeinde eigentlich gar nicht geben. Wir standen vor riesigen finanziellen Hindernissen. So brauchten wir innerhalb von 18 Monaten 4 Millionen Dollar, um unser Gebäude abzuzahlen. Wir mussten die baufälligen Räumlichkeiten so renovieren, dass sie den Auflagen der Baubehörde entsprachen. Unser Gemeindekonto fiel in die roten Zahlen. Wir waren gezwungen, das Küchenbudget in unseren Häusern so zu kürzen, dass es einen Monat lang nur noch Hot Dogs gab. Während dieser Zeit kamen uns viele Fragen und auch so manche Zweifel, aber der Gedanke daran, aufzugeben, lag uns fern.

Kurz nachdem ich nach Los Angeles gezogen war, kamen ein paar meiner Freunde zu Besuch. Sie fragten mich, wie lange ich plante, hier zu bleiben. Warum auch immer, aber für sie war es schwer zu verstehen, dass ich LA nun als mein Zuhause ansah und dass meine Aufgabe in dieser Gemeinde meine Zukunft sein sollte. Was auch immer Gott Ihnen aufträgt, bekennen Sie sich dazu. Nehmen Sie sich fest vor: „Ich werde meiner Berufung treu sein und ein Überwinder sein!“ Werden Sie ein Gefangener der Hoffnung, und machen Sie Ihre Berufung zu etwas Heiligem, das Sie Tag für Tag mit großer Sorgfalt behandeln.

Die Gemeinden in unserem Land müssen mit dem Wohlgeruch der Hoffnung erfüllt werden. Wenn Menschen in unsere Gemeinden kommen, dann muss Hoffnung in ihnen aufkeimen, dass hier ihre Bedürfnisse gestillt werden können und dass dies ein Ort ist, an dem ihr innerer Mensch auferbaut werden kann, egal, wie sie sich fühlen und wie schlecht es um sie stehen mag. Dies ist die Kraft, die durch unsere Gottesdienste strömt. Wenn ich unseren Chor und unsere Band anschaue, dann erfüllt es mich mit tiefer Freude zu sehen, wie hier Menschen von Gott verändert wurden. Warum fließt diese Kraft bei uns? Weil es bei uns einen beständigen Zustrom an neuen Gesichtern gibt; jeden Sonntag neu sehe ich veränderte Menschen, die zu uns in den Gottesdienst kommen.

> Wenn Menschen in unsere Gemeinden kommen,
> dann muss Hoffnung in ihnen aufkeimen,
> dass hier ihre Bedürfnisse gestillt werden können und
> dass dies ein Ort ist, an dem ihr innerer Mensch
> auferbaut werden kann, egal, wie sie sich fühlen und
> wie schlecht es um sie stehen mag.

Bei einigen Leuten war ich zuerst skeptisch, dass es wirklich Veränderungen geben könnte. Ich dachte, wer zu einer Gang gehört oder drogenabhängig ist, ist „eben so“ und würde sich nicht ändern. Ich habe meine Meinung revidieren müssen. Ich sehe heute jeden Menschen als jemanden, der in einem Veränderungsprozess steht. Wir sollten es uns zur Gewohnheit machen, mit den Augen des Glaubens zu sehen.

Ein junges Mädchen, das unsere Gottesdienste besuchte, weinte immer sehr viel. Obwohl sie gerade erst 13 Jahre alt war, hatte sie sich mit einem 25-jährigen Mann eingelassen. Sie wurde schwanger, doch es gab Komplikationen, und sie erlitt eine Fehlgeburt. Woche für Woche brachten wir ihr unsere Annahme und Liebe zum Ausdruck, bis sie schließlich Jesus als ihren Herrn und Erlöser annahm und in unser *Teen Reach*-Wohnheim einzog. Heute spricht sie nur noch über ihre Zukunft – was sie werden will und welche Träume sie für ihr Leben hat. Alles an ihr hat sich geändert und ihre Zukunft hat sich aufgehellt. Überall im Land gibt es Menschen wie sie, die darauf warten, von einer Gemeinde liebevoll aufgenommen zu werden.

Ein neuer Traum

Zur Zeit wird in Wilmington (North Carolina) gerade ein neues *Dream Center* gegründet. Dortiger Pastor ist Rick Stoker, ein sehr erfolgreicher Sportarzt, der einige der besten Basketball-Mannschaften betreute. An der *Duke University* und der Universität von North Carolina hatte er es mit hochkarätigen Athleten zu tun. Gleichzeitig besuchte er regelmäßig die ärmsten Gegenden von Wilmington und verteilte Essen an Prostituierte, Drogenabhängige und Obdachlose, die unter Brücken hausen.

Viele Wohnsitzlose in Notsituationen riefen Rick auf seinem Pager an. Er erzählt, die Anrufe hätten sich schließlich so gehäuft, dass er eine grundsätzliche Entscheidung hatte treffen müssen, was er mit seinem Leben tun wolle. Viele dachten, er würde wohl seine Arbeit mit den Armen einschränken. Er aber kündigte seine gut bezahlte Stellung, um mit den Obdachlosen zu arbeiten und ein *Dream Center* zu gründen.

Ich fragte ihn: „Rick, wie willst du das Ganze finanzieren?"

„Ich weiß nicht", entgegnete er, „aber wenn ich mich zwischen meinem Beruf und den Armen entscheiden muss, dann weiß ich, dass mein Platz bei den Armen ist." Er kümmert sich weiterhin eigenhändig um die Armen in Wilmington und es geht ihm gut.

Wenn es Sie einmal nach Wilmington verschlägt, dann halten Sie doch Ausschau nach einem Mann mit einem großen Thermobehälter voller Suppe und einem breiten Lächeln auf dem Gesicht. Das ist Rick. Neulich sagte eine obdachlose Frau: „Ich hoffe doch, dass wir bald unser ‚Dream Center' bekommen, damit ich endlich einen Spiegel habe, in den ich hineinschauen kann, wenn ich mich morgens zurechtmache." Er versicherte ihr, dass es nicht mehr lange dauern würde. Rick hat den Entschluss gefasst, sein Leben mutig in die Waagschale zu werfen, sich auf unbekanntes Terrain hinauszuwagen und dem Reich Satans Schaden zuzufügen.

Wozu hat Gott Sie berufen? Was ist Ihr Traum? Wenn Sie es einmal herausgefunden haben, geben Sie Ihr Leben dafür hin. Sorgen Sie sich nicht um morgen. Gott ist schon dort und hat für alles gesorgt. Lassen Sie uns auf unserem Weg mit dem Herrn so werden wie dieser Baseballspieler. Lassen Sie uns unsere Berufung ernst nehmen. Lassen Sie uns jeden Tag unser Bestes geben und danach streben, Gewinner zu werden, und lassen Sie uns diese Lebensmaxime auch an die Armen und Verwundeten weitergeben.

Kapitel 12

„Danke, dass Sie gekommen sind"

Ich packte gerade meine Habseligkeiten aus und richtete mein neues Büro im *Bethel Temple* ein, als mich meine Sekretärin anrief und mir mitteilte, dass mich jemand zu sprechen wünschte. Um ehrlich zu sein, hatte ich im Augenblick überhaupt keine Lust, gestört zu werden, und ich stöhnte leise bei dem Gedanken, mit jemandem reden zu müssen. Sie fragte: „Soll ich ihm ausrichten, dass er später noch einmal wiederkommen soll?" Ich zögerte einen Augenblick und bat sie dann, ihn doch hereinzuschicken.

Die Tür öffnete sich und vor mir stand ein offensichtlich obdachloser Mann. Ein unangenehmer Geruch ging von ihm aus und seine Kleidung war zerschlissen. Auf dem Kopf trug er eine alte Kappe und sein Bart war lang und zottig. Er schaute sich verstört im Büro um. Es schien, als fühlte er sich unwürdig, überhaupt hier zu sein, und er war sorgfältig darauf bedacht, nicht auf meinen Stühlen Platz zu nehmen.

Wir sprachen ein Weilchen über Gott, und ich leitete ihn ins Gebet, um Jesus in sein Leben aufzunehmen. Ich öffnete meine Augen und schaute ihn an. Plötzlich, wie eine göttliche Offenbarung, fiel mir der 8. Psalm ein:

„Herr unser Herrscher, wie gewaltig ist dein Name auf der ganzen Erde; über den Himmel breitest du deine Hoheit aus. Aus dem Munde der Kinder und Säuglinge schaffst du dir Lob, deinen Gegnern zum Trotz; deine

Feinde und Widersacher müssen verstummen. Seh ich den Himmel, das Werk deiner Finger, Mond und Sonne, die du befestigst: Was ist der Mensch, dass du an ihn denkst, des Menschen Kind, dass du dich seiner annimmst? Du hast ihn nur wenig geringer gemacht als Gott, hast ihn mit Herrlichkeit und Ehre gekrönt. Du hast ihn als Herrscher eingesetzt über das Werk deiner Hände, hast ihm alles zu Füßen gelegt" (Ps 8,2–7; Einheitsübersetzung).

Für diesen Mann hatte Gott alle Dinge erschaffen. In den Augen Gottes hat dieser Mann große Würde. Der Schöpfer des ganzen Universums schuf den Mond und die Planeten und hat die Herrschaft über die Erde diesem Mann anvertraut. Er hat ihn nur ein wenig geringer als die Engel gemacht und hat ihm die Erde zu Füßen gelegt. In diesem Moment wurde mir bewusst, wie wichtig dieser obdachlose Mann war.

Als ich meine Augen wieder öffnete, schien sich sein Aussehen verändert zu haben. Ich sah sein Haar gekämmt, seine Hosen ordentlich gebügelt, er trug neue Kleidung und verströmte einen angenehmen Geruch. Ich stand auf und sagte: „Danke, dass Sie gekommen sind und mich mit Ihrem Besuch beehrt haben. Es war ein Segen für mich, einen Mann zu Besuch zu haben, der Gott so wichtig ist." Ich erinnere mich noch genau, wie dieser Mann mein Büro verließ. Er kratzte sich am Kopf und versuchte zu verstehen, warum ich ihm so viele nette Sachen sagte. An diesem Tag wurde mir zutiefst bewusst, dass jeder Mensch, ob arm oder reich, es verdient, mit Achtung behandelt zu werden.

Gott hat jeden einzelnen Menschen mit Sorgfalt erschaffen, ihm einen ehrenvollen Namen gegeben und ihn mit Macht und Autorität über die Erde ausgestattet. Weil jeder Mensch wunderbar gemacht ist, verdient er unseren Respekt und unsere Achtung.

Wahre Größe

Wahre Größe besteht nicht darin, was wichtige Menschen über uns sagen. Im Gegenteil – sie wird eher darin sichtbar, wie gewöhnliche Menschen, aus deren Bekanntschaft wir keinen Nutzen ziehen können, über uns urteilen. In unserem Ringen um Rang und Anerkennung suchen wir oft an den falschen Stellen. Jeder möchte von berühmten und wichtigen Menschen bestätigt werden, aber warum sollte unsere Anerkennung nicht von einer allein erziehenden Mutter kommen? Wir rahmen uns Briefe ein, die vermeintlich wichtige Menschen uns geschrieben haben – warum hängen wir uns nicht einmal den Dankesbrief einer einfachen Familie auf, der wir geholfen haben? Nicht wenige Menschen dienen Gott ihr Leben lang mit Hingabe, ohne dass ihre Namen jemals irgendwo bekannt werden. Und doch sind unter ihnen die tollsten Menschen, denen ich jemals begegnet bin. Sie geben so viel, ohne jemals Anerkennung dafür zu erhalten.

Aus ganz Amerika kommen freiwillige Helfer ins *Dream Center* und geben ein Jahr ihres Lebens, um anderen zu helfen. Sie leben in winzigen Räumen, essen in unserer Cafeteria und müssen für ihre Finanzen selbst aufkommen. Sie geben nicht selten gut bezahlte Arbeitsplätze und ein sicheres Leben auf, um in den Armenvierteln von Los Angeles zu helfen. Sie geben ihrem Leben eine Bedeutung, indem sie anderen helfen, und nach Ablauf ihres freiwilligen Jahres hat sich ihr Leben sehr verändert. Sie sind nicht mehr dieselben Menschen, die ein Jahr zuvor bei uns ankamen. Manche bleiben sogar für ein zweites Jahr.

Nicht wenige bauen sehr enge Bindungen zu unserer Gemeinde auf, und es fällt ihnen schwer, uns wieder zu verlassen.

Jahr für Jahr haben wir mehr als 100 vollzeitliche freiwillige Helfer. Christen aus dem ganzen Land ziehen in unsere Gegend, um sich hier einzuwurzeln und sich zu verschenken.

> Es ist nicht in erster Linie entscheidend,
> wie viel wir zu geben haben. Wichtig ist,
> dass wir den Menschen um uns herum in allem,
> was wir tun, mit Fürsorge und Umsicht begegnen.

Unsere besten Seiten kommen zum Vorschein, wenn wir anderen dienen. Es ist nicht in erster Linie entscheidend, wie viel wir zu geben haben. Wichtig ist, dass wir den Menschen um uns herum in allem, was wir tun, mit Fürsorge und Umsicht begegnen. Das ist überhaupt kein Zeichen von Schwäche, es ist Ausdruck davon, dass wir, in allem was wir tun, den Wert eines jeden Menschen im Auge haben.

Wenn wir eine Person seelsorgerlich begleiten, dann muss es uns ein echtes Anliegen sein, was mit ihr los ist, wie es ihr geht und was aus ihr wird. Jeder Mensch ist wichtig, und das sollte sich darin widerspiegeln, wie wir mit ihm reden und wie wir ihn behandeln.

Mein Vater ist niemals müde geworden, mich zu ermutigen. Natürlich kann ich im Leben nicht alles schaffen, aber während ich heranwuchs, glaubte ich das wirklich. Jeden Tag lässt mich mein Vater wissen, wie sehr er mich liebt und wie wichtig ich für ihn bin. Jeder, der meinen Vater kennt, weiß, dass niemand so motivieren kann wie er. Wenn ich entmutigt und am Ende war, musste ich ihn nur anrufen; er war jederzeit für mich da.

Manche Eltern glauben, dass sie ihre Kinder nicht zu häufig loben sollten, weil diesen das Lob zu Kopf steigen und sie arrogant machen könnte. Das Gegenteil ist der Fall. Kinder, die nicht genug gelobt werden, wachsen mit viel Missgunst und Bitterkeit heran. Glauben Sie mir, das Leben hält genügend Demütigungen bereit. Ermutigungen werden Ihren Kindern nicht zu Kopf steigen. Mein Vater pflegte häufig zu sagen: „Klopf den Leuten lieber auf die Schulter, Tritte in den Hintern bekommen sie sowieso schon genug."

Ich erinnere mich noch an eine Begebenheit, wo mein Vater und ich einmal mit einem Aufzug fuhren. Der Aufzug hielt und ein anderer Vater stieg zusammen mit seinem Sohn zu. Mein Vater war guter Stimmung und begann, mit dem anderen Mann zu plaudern. Er sagte: „Ich bin mir sicher, dass Sie auf Ihren Sohn genauso stolz sind wie ich auf meinen." Der Mann schaute meinen Vater an, danach seinen Sohn und erwiderte: „Ich sage Ihnen später, wie ich darüber denke, denn ich möchte nicht, dass die Antwort meinem Sohn zu Kopf steigt." Als wir ausgestiegen waren, wandte sich mein Vater an mich und sagte: „Mein Sohn, was dieser Mann gesagt hat, war ausgesprochen dumm. Hüte dich davor, so etwas jemals zu tun." Dieser Mann hatte eine Chance verpasst, seinem Sohn zu zeigen, wie sehr er ihn liebte.

Warum ist es so schwer für uns, einen Menschen wissen zu lassen, wie sehr wir ihn schätzen und lieben? Vielleicht sind wir viel zu sehr mit unseren eigenen Problemen beschäftigt, um jemanden zu ermutigen. Es ist jedoch eine Tatsache, dass sehr viel Heilung freigesetzt wird, wenn wir einem anderen helfen, seine Bürde zu erleichtern. Und anderen zu helfen ist die beste Therapie für uns selbst.

Ein Diener des Herrn

Sie haben sicher schon einmal von Jim Bakker gehört und den Schwierigkeiten, die er in den 80er Jahren hatte und die schließlich zum Niedergang seines Missionswerkes PTL führten. In der darauf folgenden Zeit durchlebte Jim Bakker so viel Leid und Schmerz, dass es einem Wunder gleichkommt, dass er überlebte. Kurze Zeit, nachdem er wieder aus dem Gefängnis entlassen worden war, kam er ins *Dream Center* und sprach zu den innerlich verwundeten Leuten in unserer Gemeinde, obwohl er selbst noch unter seiner Situation litt.

An jenem Abend hörte ich von ihm eine Predigt, die mich mehr bewegte als vieles andere, was ich bislang gehört hatte. Er sprach über seine schreckliche Zeit im Gefängnis und was er verlor, als er durch Geld und eine Affäre zu Fall kam. Die Leute im *Dream Center* brachten ihm eine tiefe, brüderliche Zuneigung entgegen. Nach der Predigt fragte er meinen Vater, ob er für einige Tage in der Gemeinde bleiben könne.

Jeden Tag war er auf den Straßen unterwegs. An einem Tag arbeitete er in unserem Kinderdienst mit, an einem anderen Abend sprach er mit unseren weggelaufenen Teenagern. Für diese verstoßenen Jugendlichen, die in unserem *Teen Reach*-Haus wohnen, nahm er sich buchstäblich die ganze Nacht Zeit. Er hatte wirklich ein Herz für die Menschen und konnte sehr schnell Kontakte zu ihnen knüpfen. Oft war er auf der Straße bei den Obdachlosen und lud sie für die nächsten Gottesdienste ein. Er war in seinem Eifer für Jesus nicht zu bremsen.

Schließlich fragte er uns, ob er als freiwilliger Helfer in unserer Gemeinde bleiben könne. Wir stimmten zu, und er wurde einer jener unbezahlten Freiwilligen, die im *Dream Center* an allen Ecken und Enden helfen. Er renovierte Räume, gab Kindern aus der Nachbarschaft seelsorgerliche Hilfe und leitete einmal wöchentlich eine Bibelarbeit für einige unserer Mitbewohner. Später erzählte er mir, dass er schon viele Zentren für innere Heilung besucht und Seelsorge-Programme durchlaufen hätte, ohne dass ihm das wirklich geholfen hätte. Als er jedoch anfing, auf die Straße zu gehen und den Armen und Bedürftigen zu dienen, habe der Heilungsprozess in seinem Leben begonnen.

Ich bin überzeugt, dass der Weg der Wiederherstellung für Jim Bakker an dem Tag begann, als er von seinen Problemen wegschaute und anfing, sich um andere zu kümmern.

Es geht um andere

Wir vertreten die Überzeugung, dass die Menschen, die von der Straße kommen und in unserer Gemeinde eine Heimat finden, möglichst schnell lernen sollten, anderen zu dienen. Viele von ihnen haben sich jahrelang nur um sich selbst gedreht und sowohl die Gesellschaft als auch die Menschen um sich herum ausgenutzt. Sie müssen ganz neue Verhaltensweisen und Denkmuster lernen. Wir bringen ihnen bei, dass es nun nicht mehr in erster Linie um sie geht; es geht um andere.

Vier Jahre lang habe ich vollzeitlich als Evangelist gearbeitet. Ich war oft unterwegs und sprach in verschiedensten Kirchen. Immer wieder war ich erstaunt, wie viele der Gemeindeangebote sich ausschließlich an die Mitglieder richteten und wie wenige an die Menschen, die Gott noch nicht kennen. Überall ging es um *unsere* Freizeit, um *unsere* Gemeinschaft. Alles drehte sich um die Gläubigen. Wie oft machte ich meine Bekehrungsaufrufe im Gottesdienst völlig umsonst, weil sich keine Nichtchristen im Gottesdiensten befanden. Auf dem Heimweg grübelte ich dann nach solchen Erlebnissen nach: *Was für einen Sinn ergibt das Ganze? Warum tue ich diesen Dienst?* Sollte ich mir nicht lieber einen vernünftigen Job suchen und Geld verdienen? Ist es nicht sinnlos, immer wieder als Evangelist in Gemeinden zu sprechen, wenn gar keine Ungläubigen da sind?

> Warum tue ich diesen Dienst? Sollte ich mir nicht lieber einen vernünftigen Job suchen und Geld verdienen? Ist es nicht sinnlos, immer wieder als Evangelist in Gemeinden zu sprechen, wenn gar keine Ungläubigen da sind?

Ich fing schließlich an, vor meinen Gottesdiensten die Nachbarschaft der jeweiligen Gemeinde zu durchstreifen und Leute einzuladen. Ich wollte einfach, dass jemand zum Glauben kommt. Wie oft begegneten mir Menschen, die nur ein paar Schritte von der Gemeinde entfernt wohnten und nicht einmal wussten, dass am Abend überhaupt ein Gottesdienst stattfand!

Einen meiner Einsätze in Arizona werde ich wohl niemals vergessen. Am ersten Abend nahmen genau 16 Leute an der Versammlung teil. Für die kommenden Abende sah es alles andere als rosig aus. Ich ermutigte die Gemeindemitglieder, sich jeden Abend um sechs Uhr mit mir zu treffen, um Anwohner der Gemeinde zu den Gottesdiensten persönlich einzuladen. An allen vier Abenden war ich der Einzige, der sich auf den Weg machte. Zwei Stunden lang ging ich von Tür zu Tür und machte Menschen auf die Veranstaltungen aufmerksam. Ich wollte so sehr, dass jemand zum Glauben kam!

Heute habe ich dieses Problem nicht mehr. Die Leute, die bei uns mitarbeiten, würden ihr Leben hingeben für die Menschen, die ihnen wichtig sind. Nicht wenige besuchen seit drei Jahren Samstag für Samstag denselben Häuserblock. Wir lieben die Leute in unserer Stadt. Sie sind uns keine Last, sondern ein Segen.

Die Liebe Jesu für alle

Vor gar nicht allzu langer Zeit sprachen mein Vater und ich mit einem befreundeten Pastor über unsere Arbeit. Im selben Moment ging eine Frau aus unserer Gemeinde an uns vorbei. Die Augen meines Vaters strahlten, als er anfing, dem anderen Pastor zu berichten, was die Frau schon alles erlebt hatte. Sie hatte praktisch alles durch Drogen verloren, aber er sprach voller Stolz über sie. Ich stand neben ihm und ergänzte alle Aspekte der Geschichte, die mein Vater erzählte.

Schließlich stellte unser Freund fest: „Ich habe noch nie erlebt, dass sich zwei Menschen so sehr über eine Person freuen können, die ihnen nichts zu geben hat. Im Gegenteil, sie liegt euch auch noch auf der Tasche, weil sie in den Räumen der Gemeinde lebt. Aber ihr redet von ihr, als sei sie euer größter Spender." Uns bedeuten neue Autos, Boote und finanzieller Wohlstand nicht viel. Für uns ist es die größte Freude, wenn Menschenleben verändert werden.

Eines ist sicher: Gott liebt jeden Menschen. Er bringt uns die allergrößte Achtung entgegen und jeder Einzelne ist ihm wichtig. Jesus hat sich immer Zeit genommen. Er ermutigte die Frau am Brunnen. Er heilte noch eine weitere Person, obwohl er wirklich müde war. Selbst am Kreuz, in all seinen Schmerzen, bat er Johannes darum, für seine Mutter zu sorgen. Und was noch erstaunlicher ist, er kümmerte sich selbst um den Verbrecher, der neben ihm am Kreuz starb. Ihm sagte er: „Noch heute wirst du mit mir im Paradies sein." Die Liebe unseres Erlösers für die Menschheit war unbeschreiblich groß! Mit welchem Respekt er jeden Menschen behandelte! Wenn Jesus uns für so wertvoll hält, dass er bereit war, für uns zu sterben, wie viel mehr sollten wir Menschen in Not mit derselben Achtung begegnen.

Kapitel 13

Gottes „Resteverwertung“

Eines Abends war ich mit Freunden in einem noblen Restaurant zum Essen verabredet. Dort gab es echt silbernes Besteck, Klaviermusik und perfekt eingekleidete Kellner. Während wir unser Abendessen genossen, beobachtete ich etwas, das mich amüsierte. Eine feine Dame betrat, in einen Pelzmantel gehüllt, das Restaurant. Ihre Garderobe war makellos und sie bewegte sich wie eine echte Dame von Welt. Sie hatte allerbeste Tischmanieren und beim Essen konnte man sehen, wie die Diamanten an einem Armband funkelten, das ihr Handgelenk zierte.

Doch nach dem Essen tat sie etwas, das ich nicht für möglich gehalten hätte: Sie rief den Kellner zu sich und bat um einen Beutel. Er schien verblüfft, kam ihrer Bitte aber nach und brachte ihr die Tüte. Sogleich machte sie sich daran, die Reste von ihrem Teller in den Beutel zu bugsieren. Vielleicht war dies der Grund, warum sie so wohlhabend war. Obwohl sie so viel besaß, warf sie doch die Reste nicht weg.

Nichts geht verloren

So ist es auch mit Gott. Er ist groß und hat alle Macht, aber auch bei ihm gibt es eine Art von Resteverwertung. Bei Gott geht nichts verloren.

Nehmen Sie zum Beispiel den Töpfer, der aus einem Klumpen Ton etwas Schönes erschafft. Eines der Gefäße missriet ihm. Doch der unbeirrbare Töpfer nahm sich den Klumpen erneut vor und schuf etwas Neues daraus.

Unser Gott gibt niemanden auf. Beizeiten ähnelt er einem Trainer, der einen Spieler disziplinieren muss, indem er ihn für eine Weile auf die Reservebank schickt. Aber wie ein guter Trainer wird er ihn auch wieder aufs Spielfeld schicken und ihm eine neue Chance geben, sich zu bewähren.

Erinnern Sie sich, wie Jesus die Fünftausend speiste? Nachdem er allen, einschließlich seinen Jüngern, zu essen gegeben hatte, wies er sie an, die Reste einzusammeln. Gott lässt nichts umkommen. Genauso wird er auch jeden, der dazu bereit ist, zu seiner Ehre gebrauchen.

Die Bibel ist voller Beispiele, wie Gott zerbrochene Gefäße gebraucht, um seinen Plan zu erfüllen! Als David in Schwierigkeiten steckte, da war es ein Haufen von Ausgestoßenen, die Schulden hatten und mit dem Gesetz in Konflikt gekommen waren, Leute mit allen möglichen Problemen. Auch nachdem König David in Sünde gefallen war, übertrug ihm Gott noch die bedeutsame Aufgabe, das Baumaterial für den Tempel zusammenzutragen. Die Hure Rahab schließlich gebrauchte Gott in besonderer Weise für seinen Heilsplan. Sie kam den Kundschaftern zu Hilfe und wurde so von Gott geehrt.

Egal, wie weit ein Mensch sich von Gott entfernt hat – wenn er bereit ist zurückzukehren, wird Gott ihn gebrauchen.

Zerbrochene Gefäße, die Gott geweiht sind

In unserer Gesellschaft wird fast jeder, der ehrlich ist, zugeben, dass es in seiner Vergangenheit irgendetwas gibt, das nicht so ist, wie es sein sollte. Fast alle meine Mitarbeiter sind „zerbrochene Gefäße“, die durch widrige Umstände geprägt wurden. Und doch gebraucht Gott sie heute!

Einer unserer Mitarbeiter wuchs in einer Sozialwohnungssiedlung im Osten von Los Angeles auf, wo er als Kind aus einem zerrütteten Elternhaus schon früh die meiste Zeit auf der Straße lebte. Ein anderer verbrachte für die Dinge, die er vor seiner Umkehr angestellt hatte, nahezu zehn Jahre seines Lebens im Gefängnis. Manche, die im *Dream Center* leben und für Gott arbeiten, haben in der Vergangenheit schon Morde begangen.

Als Christen neigen wir manchmal zu der Annahme, dass Menschen, die in der Kirche aufgewachsen sind, oder Pastorenkinder die Einzigen sind, mit denen Gott etwas anfangen kann. Doch einige der besten Leiter sind Menschen, die durch schmerzhafte Erfahrungen eigenen Versagens gegangen sind und diese überwunden haben. Es gibt heute eine neue Generation von zerbrochenen Menschen, die aus dieser Erfahrung des Zerbruchs heraus schier Unglaubliches mit Gott vollbringen.

> Einige der besten Leiter sind Menschen,
> die durch schmerzhafte Erfahrungen eigenen Versagens
> gegangen sind und diese überwunden haben.
> Es gibt heute eine neue Generation von zerbrochenen
> Menschen, die aus dieser Erfahrung des Zerbruchs
> heraus schier Unglaubliches mit Gott vollbringen.

Ich glaube zwar, dass es das Beste ist, überhaupt nicht zu versuchen, seinen Weg ohne Gott zu gehen und dadurch womöglich Jahre seines Lebens zu vergeuden, aber Gott gebraucht heute wie nie zuvor „zerbrochene Gefäße“, die eine tiefe Dankbarkeit für die Gnade empfinden, die er ihnen erwiesen hat, und die ihm als Gegenleistung mit ihrem ganzen Herzen dienen. Ich glaube, wir haben die wohl hingegebenste Mitarbeiterschaft im ganzen Land, und sie alle wissen, dass sie Gott ihr Leben schulden, weil er sie aus all der Verzweiflung ihrer Vergangenheit herausgeholt hat.

Mir ist natürlich klar, dass wir aus Gnade gerettet sind und dass wir unsere Erlösung nicht verdienen können, aber diese Leute leben in der Tat so, als wollten sie ihre Errettung verdienen. Auch Paulus sagte: „... damit ich Christus gewinne“ (Phil 3,8; Luther). Lange Zeit ergab dieser Vers für mich keinen Sinn. Warum sollte er darauf aus sein, Christus zu gewinnen, wenn er doch an anderer Stelle schreibt, dass er nicht durch Werke, sondern aus Gnade gerettet ist? Ich glaube, Paulus wollte damit etwa Folgendes zum Ausdruck bringen: „Ich weiß wohl, dass ich durch Gnade aus Glauben gerettet bin, aber ich werde Gott so dienen, als müsste ich mir die Errettung verdienen. Ich werde jeden Tag so hart arbeiten, als müsste ich mir Christus gewinnen. Ich weiß, dass ich ihn schon habe und dass er in mir lebt, aber aus der Dankbarkeit meines Herzens heraus werde ich ihm so dienen, als müsste ich ihn täglich neu gewinnen.“ Es ist dieser Drang, den ich oft bei zerbrochenen Menschen finde, die Gott dienen wollen.

Eine Gabe Gottes

Mein Assistent Todd arbeitete viele Jahre lang als Kino-Manager in Hollywood. Jeden Sonntag kam er zu uns in die Gemeinde, saß in seiner Bank und beäugte mich ausgesprochen skeptisch. Es schien so, als ob ihm die Gottesdienste gefielen, aber irgendwie wollte es ihm nicht einleuchten, warum alle von Jesus so begeistert waren. Ohne Zweifel gefiel ihm die Atmosphäre, aber sein Gottesbild war einfach fehlerhaft. Er war in einem zerrütteten Zuhause aufgewachsen und war dort sehr schwerem emotionalen Missbrauch ausgesetzt gewesen, sodass er Probleme damit hatte, Vertrauen zu fassen. Nach dem Gottesdienst redeten wir oft noch miteinander, aber nur über mehr oder weniger belanglose Dinge.

Er kam erst seit ein paar Monaten regelmäßig zu uns, da fuhren wir mit der Gemeinde nach Phoenix (Arizona), um dort an einer Konferenz der Pastorenschule teilzunehmen. Todd kannte nur wenige Gemeindemitglieder, entschloss sich aber dennoch, mit uns zu kommen. Der Eröffnungsabend war sehr intensiv. Als ich danach mit Freunden zusammen auf den Parkplatz hinausging, bemerkte ich Todd, der etwas ziellos herumlief. Offenbar hatte er noch keinen Platz für die Nacht. Einer meiner Begleiter bot ihm an, mit uns in seiner Wohnung in Phoenix zu wohnen. Wir hatten eine tolle Zeit miteinander, und ich stellte fest, dass Todd ein ganz besonderer Mensch ist. Es gab einige Bereiche in seinem Leben, an denen er arbeiten musste, aber es war ganz offensichtlich, dass er auf der Suche nach etwas war, das seinem Leben Sinn geben konnte. Aus heutiger Sicht kann ich sagen, dass Gott mir auf dieser Konferenz in Todd ein großes Geschenk gemacht hat. Er begann sofort, dienend zuzupacken, indem er auf der Konferenz Cassetten verkaufte. Schon bald darauf nahm er Christus in sein Leben auf und wandte sich ihm mit ganzem Herzen zu.

Diese drei Tage veränderten sowohl sein Leben als auch meines; wir beide wurden uns bewusst, dass Gott geplant hatte, uns künftig zusammenarbeiten zu lassen. Todd und ich verbrachten viel Zeit miteinander, um über das Leben zu sinnieren, über seine Vergangenheit und seine Schwierigkeiten, seinen eigenen Wert anzuerkennen. Heute arbeitet er enger mit mir zusammen als irgendein anderer Mensch, enger sogar als mein Vater. Er arbeitet viele Stunden, ohne dass er einen Pfennig Geld dafür bekäme.

Dieser Mann lebt in einer radikalen Hingabe an Gott und hat mir darin buchstäblich meine ganze Arbeitslast abgenommen. Seine Lebensphilosophie ist es, Gott zu lieben; das ist der Grund, warum er ihm mit seiner Arbeit dient. Es geht ihm nicht darum, irgendetwas zu beweisen oder sich seine Erlösung zu verdienen. Er arbeitet mit all seiner Kraft, einzig und allein deshalb, weil er voller Liebe und Dankbarkeit ist, für das, was Gott für ihn getan hat. Wäre ich nicht zutiefst überzeugt davon, dass in zerbrochenen Gefäßen ein großes Potenzial verborgen liegt, dann wäre Todd heute wahrscheinlich nicht Teil meines Lebens. All jene Problembereiche, denen er sich anfangs gegenübersah, sind inzwischen verblasst; Todd ist heute ein echter Gewinn für das Reich Gottes und weit über unsere Gemeinde hinaus für seine organisatorischen Fähigkeiten anerkannt.

Freiheit vom Gefängnis der Vergangenheit

Überall im Land gibt es in den Gemeinden solche zerbrochenen Gefäße, die bereit sind und darauf warten, in den Dienst Gottes zu treten, wenn man ihnen eine Chance gibt. Sie gehören zu den loyalsten Menschen, die es auf der Welt gibt. Die Menschen kommen zu uns in die Gemeinde, damit sie wieder Träume haben dürfen. Man sagt uns nach, dass wir niemanden abweisen, woher er auch immer kommt und was auch immer er erlebt hat. Aus diesem Grund fangen viele im *Dream Center* ein ganz neues Leben an.

Viele von ihnen mögen zwar keine Pastoren sein, aber sie wissen, dass sie alle ihre Gaben einbringen können; keine ist zweitklassig. Jeder hat eine Gabe, die er beitragen kann, und wenn wir klug sind, werden wir sie ausfindig machen und im Reich Gottes zum Einsatz kommen lassen.

Es gibt zu viele Gemeinden, in denen dem alten Leben der Leute eine zu große Bedeutung beigemessen wird.

Viele waren den größten Teil ihres Lebens Gefangene ihrer Vergangenheit. Sie brauchen jemanden, der ihnen hilft, wieder träumen zu können.

Eines Tages kam eine junge Frau zu mir ins Büro, die genau dieses Problem hatte. In früheren Jahren war sie in einer Jugendgruppe gewesen, hatte im Chor mitgesungen und hatte große Pläne für die Zukunft im Reich Gottes gehabt. Dann wandte sie sich für vier Jahre von Gott ab, heiratete und stand schon bald vor den Scherben ihrer Ehe. Heute ist sie eine junge allein erziehende Mutter mit einer kleinen Tochter. Sie flehte mich an, ihr eine Chance zu geben, wieder in der Gemeinde mitzuarbeiten. Ich antwortete ihr, dass das alte Kapitel ihres Lebens nun vorbei und es an der Zeit sei, ein neues Kapitel zu beginnen. Wir helfen ihr, wieder an ihre Träume anzuknüpfen. Als Gemeinde ist es unsere Aufgabe, Menschen die Überzeugung zu vermitteln, dass das Leben nicht zu Ende ist, nur weil sie schwere Zeiten durchgemacht haben. Es gibt noch ein Leben danach.

Den Kampf gewinnen

Ich interessiere mich für den Boxsport. Eines Abends saß ich noch spät vor dem Fernseher, um mir noch einige Kämpfe anzuschauen. Die beiden Boxer waren so genannte *journeymen*-Boxkämpfer, das heißt, dass sie sich in ihrer Ausbildung befinden und daher noch keine wirklich guten Boxer sind. Das störte mich aber nicht weiter. Ich bin mir bewusst, dass Boxen ein rauer, ja ein brutaler Sport ist. Aber ich muss zugeben, dass ich gerne einem guten Boxkampf zuschaue.

An diesem Abend schaltete ich mich spät zu und der Kampf war schon im Gange. Einer der Kontrahenten prügelte mit einem wahren Hagel von Schlägen auf seinen

Gegner ein und schlug ihn schließlich zu Boden. Dieser konnte sich nur mit Mühe wieder auf die Füße erheben und wurde ausgezählt. Bei acht klingelte die Glocke und der Kampf war vorbei.

Wir warteten einige Minuten, bis die Kampfrichter ihre Punkte vergaben. *Das ist doch eine ziemlich klare Sache,* dachte ich. *Jeder kann sich doch denken, wer diesen Kampf gewonnen hat. Ganz bestimmt der, der seinen Gegner am Schluss zu Boden geschlagen und damit die letzte Runde klar für sich entschieden hat.* Die Richter gaben ihre Wertung bekannt, und zu meinem Erstaunen gewann der Boxer, der am Ende so übel zusammengeschlagen worden war.

Die Entscheidung ergab in meinen Augen keinen Sinn. Schließlich kommentierte der Sportreporter das Ergebnis: „Dieser Boxer verlor zwar die letzte Runde, aber die Kampfrichter treffen ihre Entscheidung nicht auf der Grundlage einer einzelnen Runde. Sie beurteilen in ihrer Entscheidung den gesamten Kampf."

Ich bin fest davon überzeugt, dass Gott diesen Boxkampf als Analogie benutzte, um mir etwas über das Leben und über die Menschen zu verdeutlichen. Mir wurde klar, dass man einen Kampf gewinnen kann, auch wenn man einzelne Runden verliert. Als Christen stehen wir in der Gefahr, das Leben einer Person auf Grund von einigen wenigen Runden zu beurteilen und die Person für den Rest ihres Lebens zu brandmarken. Aber Gott urteilt anders. Er schaut das Leben eines Menschen als Ganzes an, bevor er ein Urteil fällt. Vielleicht haben Sie die eine oder andere Runde verloren. Aber denken Sie nicht, dass der Kampf dadurch schon entschieden ist. Vergessen Sie nicht: Sie können den Kampf noch gewinnen, auch wenn Sie einzelne Runden verloren haben.

„Vergessen Sie nicht:
Sie können den Kampf noch gewinnen,
auch wenn Sie einzelne Runden verloren haben.

Die Bibel ist voller Beispiele von Menschen, die nicht jede Runde gewonnen haben. Denken Sie doch einmal an einige der Titel, die Gott an einzelne Leute vergeben hat. So nannte er Noah einen „Prediger der Gerechtigkeit". Wir alle wissen, dass Noah nicht immer ein gerechter Mann gewesen ist. Nach dem Ende der Sintflut war er eines Abends sinnlos betrunken. Manche meinen, er habe sich im Zustand der Trunkenheit entblößt und sich möglicherweise an seinem Sohn vergangen. Nein, Noah war nicht immer gerecht. Aber als Gott seine Entscheidung traf, wie er Noah nennen würde, schaute er nicht nur eine Momentaufnahme seines Lebens an. Er schaute Noahs ganzes Leben an, alle Runden zusammengenommen, und kam zu dem Schluss, dass er ein Prediger der Gerechtigkeit war.

Gott nannte Abraham den „Vater des Glaubens". Abraham hatte nicht immer einen so großen Glauben. So behalf er sich zuweilen mit Lügen, indem er die Leute in einem fremden Land glauben machte, dass seine Frau seine Schwester sei. Er vetraute nicht darauf, dass Gott ihn beschützen würde. Und doch erkläre Gott ihn am Schluss zum Sieger; mit Blick auf Abrahams ganzes Leben nannte er ihn einen Vater des Glaubens.

Gott nannte Mose seinen Diener, denselben Mose, der auf den Felsen einschlug, anstatt zu ihm zu sprechen; denselben Mann, der das Verheißene Land nicht betreten durfte, weil es ihm an einem dienenden Herzen mangelte. Und doch nannte ihn Gott, der alle Kapitel des Lebens überblickt, am Schluss einen Diener.

Gott nannte David einen Mann nach seinem Herzen. Doch ebendieser David beging Ehebruch und entehrte einen ehrbaren Mann mit einem guten Namen. Er fädelte eine Verschwörung ein, bei der Uriah getötet wurde, um sein eigenes Vergehen zu verschleiern. In der Tat übertrat David im Zusammenhang mit den Ereignissen um Bathseba jedes einzelne der zehn Gebote. Doch am Ende schaute Gott auf Davids Leben als Ganzes, erklärte ihn zum Sieger und nannte ihn einen „Mann nach dem Herzen Gottes". Welch ein Titel für einen Menschen, der so tief fiel!

Wir haben allen Grund, Gott zu danken, dass er das Endergebnis anschaut. Gott urteilt gerecht und beurteilt uns nicht nur nach unseren Fehlern, sondern auch nach dem Guten, das wir zu vollbringen versuchen. Vielleicht haben Sie große Träume, sind aber noch durch das gelähmt, was früher war. Es liegen noch einige Runden vor Ihnen. Entscheiden Sie doch diese Runden für sich, lernen Sie aus Ihren Fehlern, und Sie werden erleben, wie Gott Sie doch noch zum Sieger erklärt.

Es gibt aufrichtige Menschen mit großen Träumen, die ihr Leben vergeuden, nicht wegen der Vergehen aus ihrer Vergangenheit, sondern weil sie sich weigern, weiterzugehen und etwas aus ihrem Leben zu machen. Selbst der Apostel Paulus war kein vollkommener Mensch mit einer makellosen Vergangenheit, aber er sagte von sich: „Eines aber tue ich: Ich vergesse, was hinter mir liegt, und strecke mich nach dem aus, was vor mir liegt" (Phil 3,13; Einheitsübersetzung).

Der gute Hirte

Als Pastor komme ich mir manchmal so vor wie eine Art Hausmeister unserer Gegend. Ich gehe durch die Straßen, sammle Glasscherben und Bruchstücke ein und versuche, sie wieder zusammenzusetzen. In unserem Stadtviertel bin ich umgeben von zerbrochenen Menschen, die voller Gottlosigkeit und ohne jegliches Verständnis dafür sind, was Recht und was Unrecht ist. Doch wenn diese verlorenen Schafe sich einmal geliebt fühlen, kommen sie nach Hause und bleiben für immer.

Die Liebe unseres Gottes für sein Volk ist wirklich etwas Besonderes. Er ist der gute Hirte, der nur das Beste für sein Volk im Sinn hat. Alles, was er tut, ob er uns züchtigt oder ermutigt, dient dazu, dass wir echtes Glück finden sollen. Jesus sagte: „Ich bin der gute Hirte" (Joh 10,11; Einheitsübersetzung), und zwar aus folgendem Grund: Der Hirte liebt seine Schafe. Er wacht Tag für Tag sorgsam über sie. Er bringt den Schafen bei zusammenzubleiben, damit er sie im Auge behalten und schützen kann. Ab und zu setzt sich ein einzelnes Schaf vom Rest der Herde ab. Seine übermäßige Abenteuerlust macht es anfällig dafür, sich zu weit von den anderen Schafen weglocken zu lassen.

Der Hirte ist bemüht, es im Schutz der Herde zu halten, aber dieses eine Schaf will ihm einfach nicht gehorchen. Er versucht, das Schaf zu ermuntern, mit den anderen zusammenzubleiben, aber es hört nicht. Der Hirte liebt die Schafe; er will ihr Bestes und will sie beschützen. So nimmt er das Schaf beiseite und bricht ihm ein Beinchen. Tränen laufen dem Hirten die Wangen hinunter, als das Schaf vor Schmerz zittert und schreit.

Sofort nachdem er das Bein gebrochen hat, bandagiert er es und behandelt es mit besonderer Fürsorge. Das Schaf kann nicht wie die anderen laufen. Es hinkt, und es ist für alle offensichtlich, dass es gezüchtigt wurde. Mitunter kann das Schaf wegen seiner Verletzung nicht mit der Herde Schritt halten. Dann nimmt der Hirte es auf seinen Arm und trägt es. Er verbringt viel Zeit damit, das Schaf zu umsorgen und ihm dabei zu helfen, sich wieder ans Laufen zu gewöhnen.

Eines Tages ist sein Bein dann geheilt; das Schaf hat

seine Lektion gelernt und gesellt sich wieder zum Rest der Herde. Man sagt aber, dass man die Schafe, denen zur Züchtigung einmal ein Bein gebrochen werden musste, auch später immer noch erkennen kann, weil sie sich ganz nah an den Hirten halten. Diese Schafe haben eine besondere Liebe zum Hirten.

Der gute Hirte liebt die verirrten Schafe, sorgt für sie und pflegt sie wieder gesund. Auch wir dürfen all diejenigen in unseren Städten nicht vergessen, die verwundet sind, die leiden und an nichts mehr glauben können. Lassen Sie uns für diese Leute sorgen, sie wiederherstellen und ihnen helfen, wieder Träume zu haben. Wenn Sie sich die Mühe machen, dann werden gerade das diejenigen sein, die nicht mehr von Ihrer Seite weichen. Ich bin Gott so dankbar, dass er uns nicht aufgibt und dass er uns nicht einfach wegwirft. Er hält zu uns.

„Man sagt aber, dass man die Schafe,
denen zur Züchtigung einmal ein Bein gebrochen
werden musste, auch später immer noch erkennen kann,
weil sie sich ganz nah an den Hirten halten.
Diese Schafe haben eine besondere Liebe zum Hirten.

Darum geht es im *Dream Center*. Wir lehren die Leute, wie wichtig es ist, im Schutz der Ordnungen Gottes zu bleiben, aber wenn sie aus der Herde davongelaufen sind, wenn sie ohne Hoffnung unter einer Brücke hausen oder an der Spritze hängen, wenn sie als Prostituierte auf der Straße gelandet sind, dann nehmen wir uns ihrer an. Es heißt, dass es demjenigen, der sich den Verwundeten zuwendet, niemals an Zulauf mangeln wird. Lassen Sie uns also hinausgehen und die Verwundeten zusammenbringen und sie in den Schutz der Herde Jesu zurückführen.

Kapitel 14

Leben werden verändert

Wahrscheinlich sind die Veränderungen im Leben einzelner Menschen das beste Zeugnis dafür, was Gott im *Dream Center* vollbringt. Jeder Bericht ist ein einzigartiges Beispiel davon, wie ein Mensch seine traumatische Vergangenheit hinter sich lassen konnte und hier bei uns eine wunderbare Veränderung erfahren hat. Diese Geschichten machen auch deutlich, wie wichtig und wie lohnend es ist, mit anderen über Jesus Christus zu sprechen.

Brenda

Mein Name ist Brenda, ich bin 14 Jahre alt. Ich wuchs in einer zerrütteten Familie auf, in der Gewalt an der Tagesordnung war. Mein Vater war Drogenhändler und verprügelte meine Mutter regelmäßig. Mit der Zeit wurde es so schlimm, dass er sich nicht einmal scheute, zu Hause Drogen zu nehmen oder zu verkaufen, wenn wir alle da waren.

Ich traf den Entschluss, niemals einen Mann wie ihn zu heiraten. Er war davon überzeugt, dass er mir und meinem Bruder seine Liebe zeigte, indem er uns Geld gab, aber alles, was ich eigentlich von ihm wollte, war, dass er sich Zeit für mich nahm. Nach einigen Jahren landete mein Vater wegen seiner Drogengeschäfte schließlich hinter Gittern. Er war insgesamt drei Jahre lang im Gefängnis. In dieser Zeit kam er zwar zum Glauben, aber ich geriet auf die schiefe Bahn.

Ich hatte keine Ahnung davon, dass sich im Leben meines Vaters etwas verändert hatte. Ganz im Gegenteil, meine Erinnerung an ihn verblasste langsam. Ich fragte meine Mutter, warum sie sich nie von ihm getrennt hatte. Sie entgegnete, dass sie nur wegen meines Bruders und mir bei ihm geblieben sei.

In diesen Jahren geriet ich an die falschen Freunde. Sie ermutigten mich, die Schule zu schwänzen und Marihuana zu rauchen. Sie nahmen mich zu Partys mit, wo ich auch meinen ersten Freund traf. Ich war fest davon überzeugt, dass ich ihn wirklich liebte, und lief von zu Hause davon. Mit meiner Mutter gab es sowieso nur Streit und Probleme. Ich dachte, dass er schon gut für mich sorgen würde.

Er versicherte mir, dass sich zwischen uns nichts abspielen würde, wenn ich es nicht wollte, doch eines Abends war ich ziemlich betrunken, und er begann, die Situation auszunutzen. Er machte einfach immer weiter, obwohl ich ihm sagte, er solle mich in Ruhe lassen. Schließlich vergewaltigte er mich.

Als ich am nächsten Morgen weinte, sagte er, er hätte es aus Liebe zu mir getan. Ich fühlte mich so schmutzig. Ich war damals erst elf Jahre alt, und es war mir immer so wichtig gewesen, dass ich noch unberührt war. Nun war ich mir sicher, dass mich niemand mehr haben wollte.

Irgendwie gelang es ihm, mich davon zu überzeugen, dass es ihm wirklich Leid tat und dass er mich nicht mehr anfassen würde. Also entschloss ich mich, bei ihm zu bleiben. Aber sein Verhalten verschlimmerte sich. Er behandelte mich wie sein Eigentum und bedrohte mich, wenn ich nur mit anderen Männern redete. Etwa eine Woche nach der Vergewaltigung fing er an, mich zu schlagen, und drohte mir, mich umzubringen, sollte ich ihn verlassen. Schließlich nahm ich all meinen Mut zusammen und rannte davon, aber er hörte nicht auf, nach mir zu suchen, bis er mich bei einer Freundin fand, bei der ich untergekommen war. Vor den Augen meiner Freunde verprügelte er mich. Ich war so verängstigt, dass ich bereit war, zu meiner Mutter zurückzugehen.

Einige Tage später kaufte ich zusammen mit meinem kleinen Bruder ein. Plötzlich sah ich ihn. Er griff nach meinem Bruder und drohte mir, ihn mitzunehmen, wenn ich ihm nicht gehorchte. Mir blieb nichts anderes übrig, als mit ihm zu gehen. Etwa in dieser Zeit wurde mein Vater aus dem Gefängnis entlassen und begann, nach mir zu suchen. Als er mich endlich gefunden hatte, nahm er mich mit nach Hause und versuchte, mir von der Liebe Gottes zu erzählen, die er während seiner Zeit im Gefängnis zum ersten Mal in seinem Leben erfahren hatte.

Aber ich hörte nicht auf ihn und geriet kurze Zeit später wieder in eine schädliche Beziehung. In ihrer Verzweiflung schickten mich meine Eltern nach Mexiko, um mich von neuen Männerbeziehungen fern zu halten. Einen Monat, nachdem ich Los Angeles verlassen hatte, tötete mein Ex-Freund meinen neuen Freund. Ich musste schließlich sieben Monate in Mexiko bleiben, weil er angedroht hatte, auch mich umzubringen.

Als ich wieder nach Hause kam, war ich noch immer nicht bereit, auf meine Eltern zu hören. Sie entschlossen sich, mich bei *Teen Reach* in der *Los Angeles International Church* unterzubringen, die mittlerweile ihre Heimatgemeinde geworden war. Die Mitarbeiter bei *Teen Reach* brachten mir sehr viel Liebe entgegen, und man bot mir ein Umfeld, in dem ich mich verändern konnte.

Heute weiß ich, dass Gott einen Plan für mein Leben hat. Mir wurde klar, wie sehr er in all diesen Jahren seine schützende Hand über mich gehalten hatte. Ich habe fest vor, Gott bis zum Ende meines Lebens zu dienen, und ich möchte anderen Mädchen helfen, denen es so geht wie mir früher.

Joe

Zu meinen frühesten Erinnerungen gehört es, zwischen Mutter und Vater hin- und hergeschoben zu werden. Beide hatten nach ihrer Scheidung wieder geheiratet. Ich lebte also zwischen zwei Familien.

Zwischen meinem zweiten und meinem achten Lebensjahr missbrauchte mich meine Stiefmutter. Da ich jedes Wochenende bei ihnen verbrachte, hatte sie leichten Zugriff auf mein kleines Leben.

Als ich acht Jahre alt wurde, erzählte ich meiner Mutter, dass mich mein Vater regelmäßig schlagen würde, wenn ich am Wochenende bei ihm war. Kurze Zeit später kam ein Rechtsanwalt in unser Haus und ich erzählte ihm vom Missbrauch durch meine Stiefmutter. Sechs Monate darauf wurde meiner Mutter das volle Sorgerecht für mich zugesprochen.

Obwohl ich durch meinen Vater und meine Stiefmutter so viel gelitten hatte, brach es mir das Herz, dass ich sie nun nicht mehr sehen durfte. Das Gericht ging sogar so weit, meinem Vater zu verbieten, mich vor Vollendung meines 18. Lebensjahres zu sehen. All das konnte ich nicht verstehen. In der Nacht nach dieser Gerichtsentscheidung sagte ich dem Teufel, dass meine Seele nun ihm gehören würde. Von da an veränderte sich mein Leben drastisch.

Vier Jahre lang ging ich zu Therapeuten, die mir sagten, dass ich an einer multiplen Persönlichkeitsstörung litt. Irgendwann in dieser Zeit begann ich auch, die Schule zu schwänzen und Drogen und Alkohol zu konsumieren.

In meinen frühen Teenagerjahren wurde ich für verschiedene Delikte etwa 15- bis 20-mal verhaftet. Die Anklagen lauteten ganz unterschiedlich: Kleindiebstähle, Alkoholkonsum im minderjährigen Alter, Waffenbesitz, Drogenhandel usw. Nur durch die Gnade Gottes wurden die meisten dieser Anklagen fallen gelassen.

Mit 14 wurde ich in eine Straßenbande aufgenommen, die mir als Erkennungsmerkmal ein Brandmal verpasste. Mit einem heißen Metallkleiderbügel wurde mir ein „R“ für „Rebellen“ in den Oberarm eingebrannt – der Name der Gang. Die neun Zentimeter lange und drei Zentimeter breite Narbe ist heute noch zu sehen.

Nachdem ich mich den „Rebellen“ angeschlossen hatte, nahm mein Drogenkonsum drastisch zu. In der Bande erwartete man von mir, dass ich willkürlich fremde Leute auf der Straße angriff, dass ich den Namen der Rebellen verteidigte sowie verschiedenste andere Gewalttaten verübte.

Meine Mutter gab irgendwann einfach auf. Sie hatte Jesus ihr Leben anvertraut, als ich gerade zehn Jahre alt war, aber ich gab Gott nie eine Chance. Allerdings hörte sie niemals auf, für mich zu beten. Eines Tages erfuhr sie von einem Programm, das sich *Teen Reach* nennt und ein Dienstzweig des *Los Angeles Dream Center* ist. Ich wäre niemals freiwillig dorthin gegangen, also erzählte sie mir, ich würde auf eine neue Schule gehen. Ich willigte schließlich ein.

Als ich zum ersten Mal durch die Tür der neuen „Schule“ trat, sah ich einige Männer mit Funkgeräten. Sie sahen für mich wie Polizisten aus. Ich rannte davon, so schnell ich konnte. Aber sie verfolgten mich durch Büsche, über Zäune und Brücken. Einer von ihnen wurde bei der Verfolgungsjagd sogar von einem Hund gebissen. Schließlich bekamen sie mich zu fassen und brachten mich ins Zentrum zurück.

Am selben Abend ging ich mit zum Gottesdienst, freilich ohne mir irgendetwas davon zu versprechen. Aber Gott hatte andere Pläne. Ich kann mich nicht mehr an den Inhalt der Predigt erinnern, ich weiß nur, dass ich am Ende weinend vor dem Altar lag und Gott bat, in mein Leben zu kommen.

Heute arbeite ich im Dienstzweig „Videoproduktion" von *Teen Reach* mit. Ich liebe Gott und mein Leben war nie glücklicher als heute. Ich danke allen, die für mich gebetet und mich auf meinem Weg unterstützt haben.

Tracey

Als ich im Park ankam, schien mir die Sonne in die Augen, sodass ich für einen Moment geblendet war. Ich konnte die Gruppe von jungen Männern, auf die wir zugingen, kaum erkennen. Einer von ihnen stach jedoch aus der Gruppe heraus. Er lächelte mich an, und ich bat das Mädchen neben mir, mich ihm vorzustellen. Als ich auf ihn zuging, legte er lässig seinen Arm um mich und fragte, ob ich eine Zigarette wolle. Er blickte mich an und ich war wie verzaubert. Mir kam es vor, als könne er bis tief in meine Seele hineinschauen. Ich nahm die angebotene Zigarette an und wartete darauf, dass er sie mir anzünden würde.

Wir sprachen kaum ein Wort miteinander, aber es schien uns das Natürlichste auf der Welt zu sein, hier Arm in Arm zwischen unseren Freunden zu stehen. Später rauchten wir zusammen Marihuana. Als ich am Abend ging, beugte er sich zu mir herab und küsste mich zum Abschied. Ich hatte Schmetterlinge im Bauch und wollte nie mehr ohne ihn leben! Leise, sodass die anderen uns nicht hören konnten, bat er mich, ihn am nächsten Tag an derselben Stelle wieder zu treffen. Es gab nichts, das ich mehr wollte.

Am nächsten Tag war alles anders. Wir waren mit seinen Freunden zusammen und ich fühlte mich unwohl. Aber als er mir wieder in die Augen schaute, zerstreuten sich meine aufkeimenden Zweifel. Ich trank Alkohol und rauchte Marihuana, bis ich schließlich lockerer wurde. Die nächsten Tage vergingen für mich wie in einer Traumwelt. Er kaufte mir alles, was ich mir wünschte, und ließ jeden seiner Freunde wissen, wer ich war und zu wem ich gehörte. Doch dann, urplötzlich, zerbrach meine neue Welt.

Ich saß im Wohnzimmer und schaute fern, als er hereinkam. Da wir gerade zuvor zusammen Marihuana geraucht hatten, hatte ich gedacht, dass er noch mit unseren Freunden draußen geblieben wäre, um noch eine zu rauchen. Er kam auf mich zu, und ich rückte etwas zur Seite, um auf dem Sofa Platz für ihn zu machen. Als ich zu ihm aufschaute, durchlief mich ein Schauder. Ein Ausdruck blanker Wut lag in seinen Augen. Er holte weit aus und schlug mir brutal ins Gesicht. Ich spürte einen stechenden Schmerz im Nacken, als mein Kopf zur Seite geschleudert wurde. Durch die Wucht des Schlages fiel ich vom Sofa. Er beugte sich über mich und fragte, wie ich dazu käme, mit anderen Männern zu flirten.

Da ich unter Schock stand, konnte ich ihm nicht antworten. Mein Kopf war wie leer gefegt. Darauf schlug er mich noch einmal. Irgendwann hatte ich mich genug erholt, um ihn unter Tränen zu fragen, worauf er denn eigentlich hinauswollte. Mittlerweile war sein Zorn verflogen, und er entschuldigte sich bei mir, aber von diesem Tag an begann eine lange Zeit von Missbrauch.

Im Verlauf der nächsten beiden Monate kam es häufig zu ähnlichen und sogar wesentlich schlimmeren Situationen. Ich versuchte ständig, mein Verhalten nach seinen Wünschen zu richten, um ihm nur ja keinen neuen Anlass zu Wutausbrüchen zu geben, doch es half alles nichts. Eines Tages geschah etwas, das mich an einen Punkt brachte, an dem es einfach nicht mehr weiterging. Die Bilder von dem, was damals passierte, werde ich wohl bis ans Ende meiner Tage nicht vergessen.

Ich war schon sehr „high“, als ich an unserem verabredeten Treffpunkt eintraf. Die Sonne ging gerade blutrot zwischen den Bergen unter. Er kam mit dem Auto eines Freundes angefahren und ließ mich einsteigen.

Wir fuhren zu einem Haus, das ich nicht kannte. Während er vom Rücksitz noch eine Kiste Bier holte, ging ich schon einmal ins Haus und schaute mich um. Außer mir war nur ein weiteres Mädchen anwesend. Sie stand in der Küche und räumte auf. Mit ihren pechschwarzen Haaren sah sie wirklich hübsch aus, abgesehen von einem dunkelblauen Fleck auf ihrer Wange, der ziemlich neu zu sein schien. Sie starrte ins Leere und tat so, als würde sie mich gar nicht sehen, als ich sie begrüßte. So setzte ich mich an einen Tisch zu den anwesenden Männern und fing an zu trinken.

Ungefähr eine Stunde und zehn Bier später betrat mein Freund den Raum. Er warf nur einen Blick zu mir hinüber und sah, dass ich mit seinen Freunden am Tisch saß. Das genügte, um seinen Zorn zu entfachen. Er zerrte mich am Arm in einen Raum auf der Rückseite des Hauses, in dem sich außer uns noch drei andere Männer befanden.

Sobald wir dort angekommen waren, fing er an, mich zu schlagen, nur dass es diesmal noch schlimmer war als all die anderen Male zuvor. Jedes Mal, wenn ich hinfiel und nicht mehr aufstehen konnte, riss er mich an den Haaren hoch, bis ich wieder vor ihm stand. Plötzlich hatte er eine Pistole in der Hand und hielt sie mir an den Kopf. Ich war kaum noch fähig zu sprechen, als ich ihm versprach, in Zukunft nie wieder etwas falsch zu machen. Nach einer Weile, die mir wie eine Ewigkeit vorkam, ließ er mich zu Boden fallen, hielt die Pistole einem der anwesenden Männer an den Kopf und drückte ab. Ich schlug mir die Hände vors Gesicht, als ich sah, wie die Augen dieses Mannes plötzlich glasig ins Leere starrten. Alle Kraft schien meinen Körper zu verlassen, als der Tote nach hinten in den Sessel fiel und sein Blut in alle Richtungen spritzte. Dann wurde ich ohnmächtig. Als ich wieder zu mir kam, lag ich in einem Schlafzimmer. Jemand hatte meine Kleidung gewaschen, und das Mädchen mit den schwarzen Haaren war damit beschäftigt, mein Haar zu richten und mit einem guten Make-up die Spuren der Misshandlung zu überdecken. Im Zustand völligen Schocks schloss ich einfach die Augen und bat das Mädchen, mir ausreichend Marihuana und eine Pfeife zu bringen. Dann blieb ich dort liegen und rauchte Gras, bis mein Freund kam, um mich abzuholen. Ich sah ihn danach noch einige Male, bis er schließlich aus der Stadt verschwand. Sein Ziel hatte er erreicht. Mein Leben hatte sich radikal verändert.

Jahre später erzählte ich meiner besten Freundin, was ich erlebt hatte. Bis zu meiner Umkehr war es mir unmöglich, auch nur andeutungsweise darüber zu sprechen. Wenn Sie heute meine Geschichte lesen, wissen Sie mehr über mich als jemals zuvor ein Mensch. Ich könnte Ihnen noch viele andere traumatische Ereignisse aus meinem Leben berichten, aber dieser junge Mann hat mir im Alter von elf Jahren mehr Schaden zugefügt, als alle anderen Menschen zusammengenommen.

Als ich ins Los Angeles *Dream Center* kam, hätte ich nicht im Traum daran gedacht, dass ich mein Leben mit Gott in Ordnung bringen würde. Ich glaubte nicht, dass irgendjemand auf dieser Welt mich lieben könnte. Ich behandelte die Menschen um mich herum gewöhnlich wie Luft und erwartete selbst nichts anderes von ihnen. Aber hier wurde ich zum ersten Mal in meinem Leben vorbehaltlos geliebt, obwohl ich ihnen zunächst mit Ablehnung begegnete.

Ich bin jetzt 16 Jahre alt, und so langsam kann ich behaupten, auf dem Wege der Heilung zu sein. Früher, als ich voller Bitterkeit, Schmerz und Zorn war, hätte ich nie gedacht, dass ich je wieder Frieden und Freude empfinden würde. Ich hatte meine Unschuld verloren, und ich wusste, dass ich sie nie wiederbekommen würde. Aber durch die Gnade Gottes bin ich am Leben und darf ihm heute dienen. Ich empfinde eine Freude und einen Frieden, den ich nicht mit Worten beschreiben kann.

Von nun an weiß ich, dass alles, was mir widerfährt, Gottes Wille ist. Ob ich lebe oder sterbe, ich möchte seinen Willen tun. Niemand kann mir meine Errettung wegnehmen. Ich danke euch allen, Pastor Matthew, Pastor Tommy und Pastor Bobby (der Gründer von *Teen Reach*). Ohne Menschen wie euch hätte ich mich und das Leben längst aufgegeben.

Lorena

Mein Name ist Lorena und ich bin 19 Jahre alt. Ich wuchs in einer zerrütteten Familie auf; Menschen die ich sehr liebte, haben mich körperlich und psychisch missbraucht. Im Alter von zehn Jahren begann ich, Alkohol und Drogen zu konsumieren, Marihuana und Crank*, Alkohol und Heroin. Am schlimmsten entwickelte sich meine Abhängigkeit von Crank und ich wurde schließlich wegen Drogenbesitzes von der Schule verwiesen.

Als ich elf Jahre alt war, nahm ich eine Überdosis und wurde in eine psychiatrische Klinik eingewiesen, was mir aber überhaupt nicht weiterhalf. Ich fing in der Folgezeit auch an, mich mit Männern einzulassen, die viel älter waren als ich. Immer wieder versuchte ich, diese Leere in mir zu füllen. Obwohl mich die Männer körperlich missbrauchten, blieb ich bei ihnen.

Meine Sucht verschlimmerte sich immer mehr. Alle nutzten mich aus und gaben mir zu verstehen, dass ich nichts wert sei und es im Leben zu nichts bringen würde. Ich glaubte es ihnen. So heruntergekommen und krank, wie ich aussah, mussten sie einfach Recht haben. Irgendwann war mir alles egal. Ich fing an, auch Crack und PCP zu konsumieren. Die Glaspfeife wurde mein Lebensinhalt.

Fast jedes Jahr fand ich mich in irgendeiner psychiatrischen Klinik zur Entgiftung und Rehabilitation wieder.

Psychiater, Selbsthilfegruppen, verschiedenste Therapeuten und Suchtberater versuchten, mir zu helfen. Aber sie alle kamen nur bis zu einem gewissen Punkt. Nichts schien eine wirklich grundlegende Veränderung bewirken zu können. Ich war viel zu abhängig. Als ich mit den Drogen angefangen hatte, war es mir nur darum gegangen, mich ein bisschen wohl zu fühlen. Es dauerte jedoch nicht lange, da war ich an dem Punkt angekommen, an dem ich die Drogen brauchte, um den Tag zu überleben. Selbst wenn ich es gewollt hätte, ich hätte nicht mehr aufhören können.

Obwohl ich meinen Körper mit diesem ganzen Zeug vollpumpte, fühlte ich mich innerlich leer und verloren. Oft hatte ich das Gefühl durchzudrehen. Immer wieder kam mir der Gedanke, dass ich entweder mit einer Glaspfeife im Munde sterben würde oder durch den Revolver meines Freundes.

Als ich wieder einmal eine Überdosis von den verschiedensten Drogen und Medikamenten genommen hatte, wäre ich beinahe gestorben. Ich wurde mit dem Hubschrauber in die Notaufnahme eines Krankenhauses geflogen. Immer wieder hatte ich Krampfanfälle, und der Arzt fürchtete, dass ich entweder sterben oder in ein Koma fallen würde. Ich hatte das Gefühl, dass mein Leben nun zu Ende war, aber meine Mutter betete und war nicht bereit, die Hoffnung aufzugeben. Außerdem hatte Gott noch Pläne mit meinem Leben.

Eine Woche später war ich über den Berg. Aber ich konnte nicht laufen und musste in einem Rollstuhl sitzen. Mein Erinnerungs- und Sprachvermögen waren stark beeinträchtigt. Gott heilte mich, und nach einiger Zeit konnte ich wieder laufen, und mein Gedächtnis regenerierte sich vollständig.

Heute weiß ich, dass Gott meine Augen öffnen und mich wach rütteln wollte, aber ich war noch nicht bereit, mein altes Leben loszulassen.

Ich ging wieder zurück zu meiner Glaspfeife, obwohl ich so gerne frei davon werden wollte. Ich fühlte mich, als sei ich in einer Flasche eingesperrt und käme nicht heraus. Die Welt da draußen schien so weit entfernt. So haute ich mit meinem Freund einfach ab. Wir schlugen uns von Stadt zu Stadt durch und schliefen da, wo wir gerade unterkommen konnten. Ich wurde schwanger, war aber durch meine Sucht so weit von der Realität entfernt, dass ich es nicht einmal merkte.

Immer noch wurde ich körperlich missbraucht und nahm viele Drogen. Schließlich wurde ich so krank, dass ich nicht einmal aufstehen konnte. Also blieb ich im Bett liegen, rauchte dort meine Glaspfeife und trank Alkohol. Dann erlitt ich eine Fehlgeburt. Als mir klar wurde, was mit mir passiert war, fühlte ich mich so elend, dass ich einfach nur sterben wollte, um nicht mehr länger mit dem Schmerz in meinem Leben konfrontiert zu sein.

Ich brauchte ein Wunder, um von den Drogen frei zu werden. Meine Mutter versuchte alles, aber nichts schien zu helfen. Dann nahm sie Kontakt zu *Teen Reach* auf. Die Mitarbeiter des Dienstes suchten mich und holten mich zu sich. Sie begannen, mir von der Liebe Gottes zu erzählen. Sie sagten mir, dass Gott einen ganz besonderen Plan für mein Leben hätte und dass ich vielen Menschen eine große Hilfe sein würde. Ich brach weinend zusammen. Mir war klar, dass ich mich entweder heute Gott hundertzehnprozentig anvertrauen musste oder dass morgen alles zu spät sein würde.

Seither hat sich mein Leben völlig verändert. Ich bin von meiner Drogensucht befreit. Die Leere, die ich immer gespürt habe, ist einer großen Freude gewichen. Die Liebe, nach der ich mich gesehnt habe, habe ich in Jesus gefunden. Die echte Liebe, keine Fälschung.

Ich habe das *Teen Reach*-Programm vollständig durchlaufen. Heute bin ich für ein Mädchenheim in Los Angeles verantwortlich, in dem Mädchen wohnen, die Ähnliches durchgemacht haben wie ich. In zwei Monaten heirate ich einen wunderbaren Mann, der auch Christ ist. Ich danke Gott jeden Tag, dass er mich von meiner Vergangenheit erlöst hat und mich in eine gute Zukunft führt. Nur durch ein Wunder war das möglich.

Katie

Ich stieg über all die Körper hinweg, die kreuz und quer auf dem Fußboden lagen, hin zur einzigen Lichtquelle, die ich ausmachen konnte, und betrat schließlich einen verqualmten Raum. Während ich nach einer kleinen Ecke Ausschau hielt, in der ich mich selbst hinlegen konnte, erkannte ich einige der Gesichter. Doch die vertrauten Gesichtszüge, die mir normalerweise klar vor meinem inneren Auge standen, erschienen mir durch den wochenlangen Crank-Trip, auf dem wir alle waren, nun völlig ausgelaugt und entstellt.

Schließlich entschloss ich mich, es diese Nacht mit etwas Schlaf zu versuchen, während sich andere um mich herum den Weg zur Toilette bahnten, wo sie noch mehr einwarfen. Als Andrew, mein bester Freund, vorbeikam, legte er mir etwas von seinen Drogen hin, zog mich hoch und schleifte mich zusammen mit einem anderen Freund zur Toilette. Wir kletterten über blasse, blutleere Leiber hinweg und erreichten schließlich unser Ziel. Er schloss und verriegelte die Tür hinter uns. Sofort holte er das Besteck heraus und machte sich daran, sein Crank zu verbrennen, während der andere, Lucas, Crank auf zwei aufgeschnittene Strohhalme häufte.

Lucas nahm einen der beiden Halme, setzte ihn an seine Nase und schnupfte. Andrew lehnte sich über die Toilette und setzte sich die Spritze an seinen Arm. Sobald die Injektion beendet war, begann die Droge, nach der es ihn so sehr verlangte, ihre Wirkung zu tun. Sie reichten mir den zweiten Strohhalm und nötigten mich zuzugreifen. Obwohl ich so gerne geschlafen hätte, konnte ich dem Reiz meiner Lieblingsdroge nicht widerstehen. So nahm ich den Strohhalm und schnupfte das Crank.

Ich spürte, wie das Blut in meinen Adern zu pulsieren begann, und mir wurde klar, dass ich alles tun würde, um mir meinen Rausch zu verschaffen, auch wenn ich dabei den Tod riskierte. Aber ich wollte nicht aufgeben, was für mich das einzige Stückchen Freiheit bedeutete, und so machte ich weiter. Als das Hochgefühl wieder abgeklungen war, verlangte es mich schon nach dem nächsten. Diesmal wollte ich jene Art von Hochgefühl erleben, das ich mir nur hinter verschlossenen Türen gewährte, wenn die Außenwelt nicht zuschaute. Das Blut in mir pulsierte immer langsamer und der Drang in mir nahm zu. So nahm ich eine Rasierklinge, schnitt mich und saugte von meinem eigenen Blut. Das Blut, an dessen Geschmack ich mich nun seit Monaten gewöhnt hatte, war nun nicht mehr genug. Ich wollte auch Blut von anderen. So malträtierte ich auch Andrews Arm von oben bis unten mit der Klinge und leckte sein Blut.

Dann dämmerte es mir für einen Moment, und ich fragte mich, wie es nur so weit hatte kommen können. Warum tat ich nun Dinge, von denen ich mir früher geschworen hätte, dass ich sie nie tun würde? Ich kann mich noch gut daran erinnern, wie ich als Kind den festen Entschluss fasste, dass, so glücklich diese Leute auch aussehen mochten, ich niemals einer von ihnen werden würde. Ich würde mich niemals von irgendetwas so vereinnahmen lassen, dass ich zu einer Sklavin würde. Wie ich so dasaß, dachte ich an meine Familie zurück, an bessere Zeiten. Wir waren zusammen in die Kirche gegangen und zusammen in den Urlaub gefahren. Beim Gedanken daran liefen mir Tränen die kreidebleichen Wangen hinunter. Was hätte ich darum gegeben, dass wir als Familie wieder hätten zusammenkommen können!

Dann konnte ich wieder die Streitereien, die Schläge, das Geschrei und das Fluchen hören. Ich spürte, wie der Zorn in mir hochkochte, wenn ich an die Scheidung zurückdachte und alles, was in meiner Familie vorgefallen war. Es schmerzte mich zutiefst. Viel mehr als die Schnitte eines Rasiermessers, als glühende Zigaretten auf der Haut, mehr als jede Gebundenheit, in der ich gefangen war. Es schmerzte mich, mir vorzustellen, dass meine Mama mit einem anderen Mann schlief, der nicht mein Vater war. Der Schmerz war wie eine Mauer aus Stein, gegen die ich mit meinen Fäusten trommelte.

Ich wusste nicht, wie ich diesen Schmerz loswerden sollte, und so hielt ich an meinem Lebensstil fest, saugte weiter Blut von anderen und nahm weiter Crank. Ich machte Gott Vorwürfe. War er es nicht, der meine Familie vernichtet hatte, der meine Träume und alles, was mir jemals lieb und teuer gewesen war, zerstört hatte? So gab ich mich Satan hin. Mit dem Blut anderer und dem Wissen um Gottes Sicht der Dinge lud ich Dämonen ein. Das Verlangen nach Blut war bald stärker als ein Drang; es wurde zur Sucht, die mir eine ganz andere Art von Hochgefühl verschaffte.

Schließlich kam irgendwann der Moment, in dem mir bewusst wurde, dass sich etwas ändern musste. Auf Grund des Einflusses von Dämonen, wegen der Drogen und meiner Selbstverstümmelung wurde ich zunächst in eine psychiatrische Klinik und – nachdem dies keinen Erfolg brachte – in eine christliche Drogenreha-Einrichtung eingewiesen.

Ich wusste, dass ich Hilfe brauchte, aber ich diente noch immer Satan und betete jeden Morgen zu ihm. Eines Tages entschloss ich mich, dass ich nichts und niemandem halbherzig dienen wollte, und schloss mich Satan voll und ganz an, obwohl ein Teil von mir sich danach sehnte, Gott zu dienen und eine Veränderung zu erfahren.

In der Folgezeit geschah viel, über das ich hier nicht berichten kann. Doch am 25. April 1997 nahm ich schließlich Jesus Christus für mich persönlich als meinen Herrn und Erlöser an. Von diesem Tag an gab er mir die Freude, nach der mich immer verlangt hatte – mich noch einmal wie eine Fünfjährige zu fühlen und meine Familie zurückzubekommen. Und in diesem Moment war mir das möglich. Christus nahm alle Schuld und Scham von mir weg und wusch mich rein. Er gab mir eine Familie von Gläubigen und stellte zerrüttete Beziehungen innerhalb meiner Familie wieder her. Er hat mich erlöst und geheilt. Ich hätte nie gedacht, dass ich noch einmal wieder träumen könnte, doch er hat mir die Kraft dazu gegeben, Visionen und Träume zu haben. Er hat mir auch ein völlig neues Leben geschenkt und mich mit seiner Freude erfüllt, seiner Liebe und seinem Frieden. Die Dinge dieser Welt haben keine Macht mehr, mich zu binden; ich habe allen Grund zur Freude, denn er ist meine Zuflucht und meine Kraft.

Christus hat mir gegeben, wonach mein Herz sich sehnte, und er wird dasselbe auch für Sie tun, wenn Sie ihm dienen. Halten Sie nichts zurück, sondern geben Sie Gott alle Ehre und trachten Sie „zuerst nach dem Reich Gottes und nach seiner Gerechtigkeit, so wird ihnen das alles zufallen“ (Mt 6,33; Luther).

Robbie

Ich wuchs in einer Familie auf, die von seelischem Schmerz, Missbrauch und äußerem Durcheinander geprägt war. Mein Vater und meine Mutter waren beide zum zweiten Mal verheiratet, nachdem ihre jeweilige erste Partnerschaft gescheitert war. Beide brachten aus ihrer ersten Ehe jeweils drei Kinder mit in unsere Familie – insgesamt waren es drei Jungs und drei Mädchen.

Die erste Ehe meiner Mutter war ein Desaster gewesen. Sie hatte im Alter von 17 Jahren geheiratet und sich für ihren ersten Partner völlig aufgegeben. Inmitten eines Klimas von körperlichem und seelischem Missbrauch hatte sie versucht, ihre Kinder großzuziehen. Ich brauche wohl nicht zu betonen, dass das Leben mit ihm als Ehemann und Vater schrecklich war. Er verdrehte alles, was meine Mutter ihren Kindern über Gott beizubringen versuchte, und erzählte ihnen, es sei alles eine einzige große Lüge.

Schließlich hatte meine Mutter die Nase voll und fasste den Entschluss, meinen Vater zu verlassen. Sie hatte einfach Angst um das Leben ihrer Kinder und zog aus.

Mein Vater war nach dem Scheitern seiner ersten Ehe sehr deprimiert. Es kam sogar so weit, dass er eines Tages auf dem Dachboden saß, eine geladene Schusswaffe in der Hand hielt und drauf und dran war, sich eine Kugel in den Kopf zu jagen. Unten im Haus spielten seine drei Kinder. Kurz bevor er abdrückte, sprach Jesus zu ihm. Er zeigte ihm seine große Liebe und Gnade. Mein Vater machte auf der Stelle einen radikalen Neuanfang mit Gott, dem er 20 Jahre lang den Rücken gekehrt hatte.

Nachdem meine Eltern geheiratet hatten, bekamen sie noch zwei Kinder. Ich war insgesamt die Jüngste von allen acht Kindern.

Als meine Mutter mit mir schwanger war, hatte sie einen Plazenta-Riss und bekam dadurch nach 5½ Monaten vorzeitige Wehen. Es wurde sogar ein Spezialist für Frühgeburten hinzugezogen, weil eine baldige Entbindung des Babys bevorstand. Der Doktor versuchte, sie darauf vorzubereiten, was eine solche Frühgeburt mit sich bringen würde. Er sagte, es sei besser, sie würde bei der Entbindung nicht hinschauen, weil es etwas sehr Unangenehmes sei, als Mutter ein totes Baby zur Welt zu bringen. Doch plötzlich und völlig unvermittelt hörten die Wehen auf. Die Ärzte waren verblüfft. Sie hatten so etwas noch nicht erlebt. Es war ein Wunder.

Nachdem das überstanden war, waren natürlich alle froh, dass ich am Leben blieb. Trotzdem waren die Ärzte noch skeptisch, weil sie weiterhin erwarteten, dass es eine Frühgeburt geben würde und dass deshalb bei mir aller Voraussicht nach mit Entwicklungsstörungen zu rechnen sei. Gott sei Dank konnte meine Mutter mich bis zum Schluss austragen – obwohl das für sie bedeutete, dass sie den Rest der Schwangerschaft weitgehend im Liegen verbringen musste – und ich kam als völlig gesundes Baby zur Welt. Meine Mutter nannte mich „ihr kleines Wunder" und weihte mein Leben Gott, weil sie wusste, dass er etwas Besonderes mit mir vorhatte. Und das hatte er in der Tat!

Wie ich schon sagte, blieben mir all die schwierigen Umstände erspart, die meine Geschwister durchleben mussten. Darüber hinaus war ich auch das jüngste Kind in der Familie; meine älteste Schwester war 15 Jahre älter als ich. So fühlte ich mich schon ein wenig als etwas Besonderes im Vergleich zum Rest der Familie. Ich wollte immer gerne dazugehören, aber ich gehörte nicht wirklich dazu.

Eines Tages, ich war damals gerade sieben Jahre alt, besuchte ich einen Freund, der bei seiner geschiedenen Mutter wohnte. Sein Großvater, der Alkoholiker war, lebte auch mit ihnen zusammen. Mein Freund fragte mich, ob ich auch mal einen Schluck probieren wollte, und ich konnte an seinem Blick sehen, dass er keinen Witz machte. Ich sagte ja und erlebte den ersten Alkoholrausch meines Lebens. Für mich war es einfach ein Mittel, um dazuzugehören, nicht nur bei meinen Freunden, sondern auch in meiner Familie. Ich dachte mir, wenn ich nur das täte, was die Erwachsenen tun, würden sie mich vielleicht als Teil der Familie anerkennen.

So war ich von Anfang an dazu verdammt, mich älter

zu geben, als ich war, einfach um dazuzugehören. Als ich neun war, waren alle meine Freunde zwischen zwei und sechs Jahre älter als ich. Als sie dann zwischen 12 und 15 alle anfingen, Marihuana zu rauchen, fing ich auch damit an, obwohl ich gerade mal neun Jahre alt war. Von da an war ich zu einem Leben voller Kummer, Enttäuschungen und Hoffnungslosigkeit verdammt.

Bis zu meinem 13. Lebensjahr hatte meine Mutter keine Ahnung davon, dass ich Alkohol und Drogen nahm. Zu dieser Zeit war ich unter anderem bereits von Crank abhängig und erlebte Dinge, von denen man eigentlich besser die Finger lassen sollte.

Mein Drogenkonsum verschlimmerte sich, und ich begann, Einbrüche und Diebstähle zu verüben, um meine Sucht zu finanzieren. In der achten Klasse verließ ich die Schule und meine Mutter warf mich von zu Hause raus. Der Polizei sagte sie, ich sei weggelaufen. Ich hatte kaum noch Kontakt zu meinen Eltern, und jedes Mal, wenn ich versuchte, mit ihnen zu reden, endete das Gespräch damit, dass ich sie wüst beschimpfte. Mich als hoffnungslos zu bezeichnen wäre wahrscheinlich noch untertrieben; ich war gottlos und verloren.

Meine Mutter lief sich die Hacken ab, um Hilfe für meine Probleme zu finden. Sie sprach mit der Drogenberatung über mich und suchte zahllose Nervenärzte und Psychologen auf. Sie sprach sogar mit der Schule darüber, was man tun könne, um mich zu unterstützen. Das Problem lag auf der Hand, aber guter Rat war teuer.

Meine Mutter entschloss sich, eine Rehabilitationsmaßnahme in die Wege zu leiten. Sie trieb alle Adressen auf, die sie finden konnte, besorgte sich Erfolgsstatistiken und versuchte herauszufinden, welches das beste Programm sei. Schließlich wählte sie ein Zentrum aus, für das sie 16 000 Dollar auftreiben musste, um mir die 45 Tage dauernde Therapie zu bezahlen.

So ging ich also und machte eine Reha. Es waren die längsten 45 Tage meines Lebens, aber am Ende waren sie es wert. Ich fasste den Entschluss, clean zu werden, und schloss das Programm erfolgreich ab. Doch drei Tage später war ich wieder „high“ und fiel in meine alten Gewohnheiten zurück.

Ich wollte gerne frei werden, aber ich konnte einfach die Antwort nicht finden, nach der ich suchte. Ich probierte es mit verschiedenen Göttern, erlernte Meditationstechniken, arbeitete mit den 12-Schritte-Programmen der Anonymen Alkoholiker, suchte Hilfe bei allen möglichen Leuten, sprach mit professionellen Therapeuten, und doch fehlte mir etwas. Ich hatte einfach nicht die Kraft, mich zu verändern, und so gab ich auf.

Glücklicherweise gaben aber meine Eltern nicht auf. Ihre Beziehung zu Gott war nicht so, wie sie hätte sein sollen, aber meine Schwierigkeiten brachten sie wieder auf die Knie. Sie konnten den Gedanken nicht ertragen, mich für immer zu verlieren. So kehrten sie zurück zu dem, was sie ganz zu Anfang gelernt hatten und was in der Vergangenheit niemals versagt hatte. Sie erinnerten sich daran, dass sie einen allmächtigen Erlöser und Freund hatten, der sie nie verlassen würde. Sie gingen auf ihre Knie und baten um Vergebung für ihre Sünden. Gott sollte ihnen nur den einen Wunsch erfüllen: mich zu retten.

Eines Tages, ich war gerade bei einem Freund zu Besuch, kam die Polizei und nahm mich mit. Ich wusste, dass ich meine Freunde für lange Zeit nicht mehr sehen würde, und verabschiedete mich von ihnen. Die Polizisten brachten mich für einige Stunden in eine Übergangszelle, danach kam ich ein Notfall-Wohnheim. Dort blieb ich eine Nacht lang. Der einzige Grund, warum ich nicht sofort abhaute, war, dass dort eine sehr attraktive junge Frau arbeitete, die mich freundlich behandelte. Aus welchem Grund auch immer – ich blieb jedenfalls. Am nächsten Tag kamen

Pastor Bobby und ein anderer Mann vorbei, holten mich ab und brachten mich nach Phoenix.

Es dauerte zwei Monate und am 11. August 1997 nahm ich schließlich Jesus in mein Leben auf und wurde mit dem Heiligen Geist erfüllt. Mein Leben wurde buchstäblich völlig verändert. Ich bin heute 15 Jahre alt und arbeite im *Dream Center* mit. Ich habe gerade die Highschool abgeschlossen und werde in einigen Monaten aufs College gehen. Ich weiß, wozu Gott mich berufen hat, und wo immer er mich auch hinführt, werde ich hingehen. Amen.

José

Ich bin in den Straßen von Oakland aufgewachsen. Mein Vater war alkohol- und drogenabhängig. Fast jeden Abend schlug er meine Mutter.

Als ich elf Jahre alt war, trieb ich mich oft auf der Straße herum. Ich war auf der Suche nach einer Vaterfigur, zu der ich aufschauen konnte. Ich begann, Alkohol zu trinken und Hasch zu rauchen, um die innere Leere in mir auszufüllen. Außerdem fehlte ich zunehmend häufiger in der Schule. Die Dinge des Alltags wurden mir gleichgültig.

Ich stellte fest, dass es vielen in meiner Nachbarschaft ähnlich ging. Wir alle wussten, dass es so ist, aber niemand sprach darüber. Wir versuchten einfach, einander zu helfen, ohne viel zu reden.

Mit 14 fing ich an, Kokain zu nehmen, und wir gründeten eine Straßengang. Um aufgenommen zu werden, musste ich zwei Dinge tun: Zuerst musste ich mich von jedem Mitglied der Bande zusammenschlagen lassen. Danach musste ich im Vorbeifahren willkürlich jemanden erschießen.

Am Abend, an dem ich schießen sollte, hatte ich große Angst. Ich wusste, dass es falsch war, aber ich konnte nicht mehr zurück. Ich musste es einfach tun. Ich brauchte eine Familie und musste mich einfach irgendwo angenommen fühlen können. Wir fuhren und ich schoss. Ich sah, wie Teile vom Kopf und vom Körper des Mannes wegflogen.

Dieser Abend veränderte mein Leben. Jedes bisschen Liebe und Mitgefühl in mir starb. Ich wusste aber auch, dass ich jetzt wirklich dazugehörte und von der Gruppe anerkannt war.

Bis zu meinem 28. Lebensjahr gehörte ich zu ihnen. 14 Jahre lang lebte ich ein Leben ohne jede Hoffnung, ohne Sinn und ohne Zukunft, und finanzierte mich über den Handel mit Drogen. Eines Tages verlor ich alles: Haus, Geld, Frauen und Freunde.

Meine Mutter gab mir noch eine Chance: Ich konnte bei ihr wohnen, wenn ich keinen Alkohol und keine Drogen mehr konsumierte.

Aber ich konnte einfach nicht aufhören. Eines Abends sagte sie schließlich zu mir: „Ich will, dass du aus meinem Leben verschwindest. Ich will nichts mehr mit dir zu tun haben!" An jenem Abend fühlte ich mich, als hätte ich endgültig alles verloren. Ich fühlte mich so allein. Ich erinnerte mich daran, dass es da einen Gott gab, aber ich war mir nicht sicher, dass er sich für mich interessierte. Ich flehte zu ihm, dass er mich von dieser Sucht nach Alkohol und Drogen befreite. Ich versprach ihm, dass ich alles tun würde, was er mir sagte, wenn er nur meine Bitte erhöre. An jenem Abend schlief ich über meinen Tränen der Verzweiflung ein.

Am darauf folgenden Morgen fand ich eine Nachricht von meiner Mutter vor, in der sie mich auf ein christliches Jüngerschaftshaus hinwies. Ich rief sofort an und die Mitarbeiter kamen und holten mich ab. Noch am selben Tag nahm ich Jesus als meinen Herrn und Erlöser an. Dies war der Anfang meines neuen Lebens, ein Leben voller Hoffnung und Sinn. Endlich hatte ich eine Zukunft.

Vor etwa einem Jahr führte mich Gott zum *Dream Center*. Ich lasse mich am *Urban Bible Training College* zum Pastor ausbilden und arbeite als vollzeitlicher Mitarbeiter im Dienst für spanischsprachige Leute hier vor Ort mit.

Letzten Monat hörte ich von meinem Vater zum allerersten Mal, dass er mich liebt. Meine Eltern sind wieder zusammengekommen und unsere Familie ist auf dem Weg der Wiederherstellung.

Ich danke Gott jeden Tag für das unwahrscheinliche Privileg, ihm zu dienen. Ich danke ihm für meine Familie und ich danke ihm für mein neues Leben.

Ich bin ein neuer Mensch in Christus.

Kapitel 15

Er stand mit ihnen in der Ebene

Wie oft mag Jesus die Notwendigkeit zum Gebet verspürt haben? Können Sie sich vorstellen, welcher Druck auf Jesus gelastet haben muss, als er auf der Erde war? Die ganze Welt und das Schicksal der Menschheit ruhten auf seinen Schultern. Jesus konnte sich keine Schwäche erlauben. Er konnte es sich nicht leisten, zu stolpern oder einen Fehler zu machen, weil er dazu bestimmt war, das perfekte Opferlamm zu werden. Wenn Jesus schwach war, dann ging er in die Einsamkeit der Berge, um mit dem Vater allein zu sein. Die Kraft, die er aus diesen Begegnungen mit dem Vater bezog, machte es ihm möglich, den Plan seines Vaters auszuführen.

Je mehr Sie in das Leben anderer investieren, desto mehr müssen Sie selbst mit der Kraft Gottes erfüllt sein.

Je mehr Sie in das Leben anderer investieren, desto mehr müssen Sie selbst mit der Kraft Gottes erfüllt sein. Der Psalmist sagte: „Du salbst mich mit frischem Öl" (Ps 92,11; Luther). Darum bitte auch ich Gott jeden Tag neu: dass ich mit frischem Öl gesalbt werde für all die neuen Aufgaben, die vor mir liegen. Es ist mein innigster Wunsch, dass wir nicht nur die Gemeinde im Land sind, die sich am eifrigsten um die Nöte der Menschen kümmert, sondern auch die Gemeinde, die am eifrigsten betet.

Es kann vielleicht schnell der Eindruck entstehen, als könnte eine Gemeinde, die viele Dienste anbietet und sehr aktiv evangelisiert, nicht gleichzeitig eine betende Gemeinde sein, weil sie einfach zu beschäftigt ist. So stellt man oft die einen Gemeinden, die eher evangelistisch orientiert sind, anderen gegenüber, die eher Orte des Gebetes sind. Um aber erfolgreich zu sein, brauchen wir wie ein Flugzeug zwei Tragflächen: den Dienst nach außen und das Gebet. Wenn wir zu einseitig sind, dann führt das unweigerlich zu einer Bruchlandung. Warum sollten Sie sich hier selbst unnötige Schranken auferlegen? Es ist sehr wohl möglich, eine Gemeinde zu sein, in der Menschen gleichermaßen damit vertraut sind, auf ihren Knien das Angesicht Gottes im Gebet zu suchen und auf der Straße aktiv den Notleidenden und Verwundeten zu dienen. Ich bin fest davon überzeugt, dass wir als Gemeinde zugleich beide Seiten entwickeln können.

Die Herzenshaltung Jesu

Im Lukas-Evangelium, Kapitel 6 können wir sehr gut nachlesen, welche Herzenshaltung Jesus hatte: „In diesen Tagen ging er auf einen Berg, um zu beten. Und er verbrachte die ganze Nacht im Gebet zu Gott." In den Versen 17 und 18 lesen wir:

> „Er stieg mit ihnen den Berg hinab. In der Ebene blieb er mit einer großen Schar seiner Jünger stehen, und viele Menschen aus ganz Judäa und Jerusalem und dem Küstengebiet von Tyros und Sidon strömten herbei.
> Sie alle wollten ihn hören und von ihren Krankheiten geheilt werden. Auch die von unreinen Geistern Geplagten wurden geheilt" (Einheitsübersetzung).

In diesem Text heißt es, dass „er mit ihnen den Berg hinabstieg“ und „in der Ebene stehen blieb“. Erst betete Jesus die ganze Nacht zum Vater, und dann kam er dort hinunter, wo die Nöte der Menschen waren – in die Ebene. Wenn Jesus nicht zu uns in die Ebene heruntergekommen wäre, wäre ich heute nicht derselbe, der ich bin. Wäre er nicht von dem Gipfel des Berges herabgestiegen, dann wären wir alle dazu verdammt, in der Hölle zu enden. Aber er stieg hinab und stellte sich zu ihnen in die Ebene.

„Die in der Ebene“, das waren ganz gewöhnliche Menschen, die Kranken, die Armen, die vereinsamten Witwen, die Waisen, die ausgestoßenen Leprakranken, die Kriminellen und die mit zerbrochenen Herzen. Bei ihnen blieb er stehen. Jesus sagte: „Meine Gebetszeit ist jetzt um, es ist Zeit, in die Ebene hinabzusteigen. Es ist Zeit, die Gemeinschaft mit meinen Jüngern (mit denen er vermutlich zusammen gebetet hat) hinter mir zu lassen und dorthin zu gehen, wo die Nöte sind.“ Wäre Jesus nicht vom Berg hinuntergestiegen und in die Ebene gekommen, dann gäbe es für uns keine Errettung, keine Erlösung, kein ewiges Leben und keine echte Freude, so wie wir sie kennen.

Heutzutage wird viel über Erweckung gesprochen. Wir meinen, wir müssten nur beten, einen Haufen Christen zu Erweckungsgottesdiensten einladen, dem Wirken des Geistes Raum geben und uns am Altar ausweinen, und daraus entstehe dann automatisch ein mächtiges Handeln Gottes im Land. In Wirklichkeit tun wir nichts anderes, als nur immer wieder dieselben Christen durchzuschleusen, die einer geistlichen Modeerscheinung nach der anderen nachlaufen.

Erweckung beginnt, wenn die Christen tief im Herzen berührt werden und von ihren Gipfeln hinabsteigen zu den Nöten der Menschen. Erweckung beginnt, wenn sich die Prediger und Leiter unseres Landes von ihren geistlichen Höhen hinunterbegeben und mit den Menschen in der Ebene stehen, wenn die Gemeinden anfangen, sich auf die Nöte der ganz gewöhnlichen Leute einzulassen und ihre Kraft in sie zu investieren.

> „Wir meinen, wir müssten nur beten,
> einen Haufen Christen zu Erweckungsgottesdiensten
> einladen, dem Wirken des Geistes Raum geben und
> uns am Altar ausweinen, und daraus entstehe dann
> automatisch ein mächtiges Handeln Gottes im Land.
> In Wirklichkeit tun wir nichts anderes, als nur immer
> wieder dieselben Christen durchzuschleusen,
> die einer geistlichen Modeerscheinung
> nach der anderen nachlaufen.

Unsere tägliche Arbeit im Tal ist genauso wichtig wie die geistlichen Höhen am Sonntag im Gottesdienst. Jeden Sonntagmorgen predige ich zu den Mitarbeitern, ermutige sie und gebe ihnen Hilfestellung, damit sie in der kommenden Woche dann wieder Tag für Tag den Menschen in der Stadt dienen können.

Kommt herab ins Tal, Ihr Gemeinden im Land! Lassen Sie sich als Pastor doch von den Höhen ausgefeilter Predigten und theologischer Konzepte herab, und fangen Sie an, den Menschen dort zu predigen, wo sie stehen. Kommen Sie herab von frommen Ritualen, zu den Verletzten und Notleidenden. Kommen Sie herab von hochtrabenden Erklärungen unwichtiger Nebensächlichkeiten, und begeben Sie sich dahin, wo der Schmerz der Menschen ist. Kommen Sie herunter von Ihren intellektuellen Ansprüchen und helfen Sie den Menschen zu überleben. In Mittelamerika, ja selbst in Los Angeles, gibt es Gemeinden, die Schilder an die Tür hängen, auf denen steht: „Kein Zutritt für Gangmitglieder.“ Wir müssen als Gemeinden unsere Abwehrvorrichtungen und Ablehnungswünsche aufgeben und anfangen, für alle Menschen da zu sein.

Samstag in der Ebene

Jeden Samstag nahm mich mein Vater in die ärmsten Wohngebiete von Phoenix mit. Wir gingen von Tür zu Tür und luden Menschen in unseren Gottesdienst ein. Obwohl seine Gemeinde damals schon 4 000 Mitglieder hatte, lud er trotzdem jedes Wochenende neue Menschen ein und bot ihnen Fahrgelegenheiten an.

Wenn wir ankamen, sagte er: „Matthew, du gehst hier lang; ich gehe dort lang. In einer Stunde treffen wir uns wieder." Ich mochte diese Samstagseinsätze mit meinem Vater. Ich habe dabei sehr viel über die Menschen gelernt und wie wichtig es ist, als Person authentisch zu sein.

Im Grunde mache ich heute genau dasselbe, nur in einer anderen Stadt. Ich besuche gerne Kinder und verbringe Zeit unten in der Ebene. Manche Familien würden mit ihren Kindern niemals auf den Spielplatz gehen, bis man sie besucht und sie einfach mitnimmt. Die Beziehungen, die man so zu den Menschen aufbaut, sind sehr stark, und aus meinem Häuserblock sind schon fast alle Bewohner einmal in unsere Gemeinde in den Gottesdienst gekommen.

Ein Junge wartet jede Woche auf mich. Er nennt mich auf Spanisch den „Kirchenmann". Im nächsten Haus besuche ich immer ein kleines Mädchen, die wir „unser kleines Bergkristall" nennen, weil ihre Haare wild in alle Richtungen abstehen. Sie wartet schon auf uns und wir schenken ihr ein paar Bücher und Kinderschmuck. Dann strahlt sie über das ganze Gesicht. Danach besuchen wir Oskar. Er umarmt uns und hat immer schon ein Sandwich für uns bereit. Ich muss in meinem Häuserblock richtig ein wenig auf meine Linie achten, so gut versorgen mich die Leute hier.

Dolores habe ich zwei Jahre lang jeden Samstag besucht, bevor sie nach El Salvador zurückgegangen ist. Sie stand jedes Mal extra um sechs Uhr früh auf, um uns mit Schokolade überzogene Bananen zu machen. Es war immer etwas ganz Besonderes, sie zu besuchen, mit ihr zusammen zu essen und mit ihren Enkelkindern zu spielen. Ich vermisse sie immer noch, obwohl sie nun schon eine Weile fort ist.

Sich in der Ebene zu bewegen und auf die Leute zuzugehen, kostet am Anfang Überwindung, weil uns die Menschen nicht vertraut sind. Aber nach einiger Zeit gewöhnt man sich daran, und es wird richtig spannend, neue Leute kennen zu lernen. Ich empfinde meine Samstage als etwas sehr Beglückendes, weil ich ganz bewusst versuche, jemand anderem das Leben zu verschönern.

Oft erleben wir erstaunliche Dinge. Jerry war ein alter Mann von den Philippinen. Als wir ihn das erste Mal sahen, war er nur noch Haut und Knochen. Er war so schwach, dass er nicht einmal aufstehen konnte. Wir haben ihn wochenlang an seinem Totenbett besucht und für ihn gebetet. Eines Sonnabends war er wider alle Erwartungen aufgestanden. Bei unserem nächsten Besuch lief er bereits in seinem Haus umher. Wir beteten weiter für ihn und einige Zeit später war er draußen unterwegs. Schließlich bin ich ihm dann zu Fuß bei McDonald's begegnet, gar nicht weit von unserer Gemeinde entfernt.

Jerry wurde praktisch vor unseren Augen geheilt, jede Woche ging es ihm ein bisschen besser. Wir hatten eine sehr freundschaftliche Beziehung zueinander. Ich necke ihn immer, wenn ich ihm sage: „Du wirst bestimmt 200 Jahre alt, weil du einfach nicht stirbst."

Für mich gibt es keinen Zweifel, dass eine heilende Kraft zu den Menschen kommt, wenn wir uns um sie kümmern, sie lieben und ihren Nöten begegnen. Indem wir jeden Sonnabend in der Ebene unterwegs sind, bringen wir buchstäblich Heilung in unsere Stadt.

Die christlichen Buchläden sind voll von Büchern, die uns beibringen wollen, wie man auf dem Gipfel bleibt. Es werden Millionenumsätze damit gemacht, Menschen zu vermitteln, wie man ein bisschen länger auf geistlichen Höhen bleiben kann. Evangelisten sprechen über Reichtümer und Privatflugzeuge. Einige kaufen riesige Häuser und schicke Autos, nur um ihren Reichtum zur Schau zu stellen. Zu viele Christen kaufen Bücher, nur um zu lernen, wie sie sich einen persönlichen Vorteil verschaffen können.

„Die christlichen Buchläden sind voll von Büchern, die uns beibringen wollen, wie man auf dem Gipfel bleibt. Es werden Millionenumsätze damit gemacht, Menschen zu vermitteln, wie man ein bisschen länger auf geistlichen Höhen bleiben kann.

Ich bin froh, dass Jesus ein höheres Ziel vor Augen hatte, als sich mit Millionen zu bereichern. Ich bin so froh, dass es ihm mehr darum ging, mich als einzelnen Menschen zu lieben, als darum, einen Preis für hervorragende Predigten zu bekommen oder berühmt zu werden. Ich bin dankbar, dass unser Herr keine Privatjets oder Reichtümer angestrebt hat. Er kam als demütiger Diener in diese Welt, um uns den Weg zum Leben zu zeigen. Er wurde einer von uns, indem er sich mit uns auf eine Ebene begeben hat. Der Erfolg, den Gott dem *Dream Center* geschenkt hat, beruht nicht auf unseren großen Gebäuden und auch nicht auf unseren Fernsehprogrammen. Er beruht auf der Arbeit in der Ebene.

Wahrer Reichtum

Manchmal wissen wir gar nicht, wie stark unsere Dienste das Leben von Menschen beeinflussen. Jeden Samstag besuchte ich eine Frau aus Honduras, die gerade nach Los Angeles gezogen war. Sie war Mitte 20, allein erziehende Mutter eines kleinen Jungen und kannte außer ihrem Freund niemanden in der Stadt.

Ich brachte ihrem kleinen Sohn immer Süßigkeiten mit und versuchte, sie zu ermutigen. Sie war immer sehr freundlich zu mir, blieb aber reserviert und öffnete sich nicht so, wie ich das von vielen Menschen gewohnt bin, die ich regelmäßig besuche. Ich sagte ihr immer wieder: „Ich bin hier, um Ihnen zu helfen, wenn Sie Hilfe brauchen."

Eines Tages klopfte ich wieder einmal an ihre Tür, aber niemand öffnete. Ich fragte eine Frau, die gerade vorbeikam, ob sie etwas über die junge Mutter wisse. Sie eröffnete mir geradeheraus, dass sie tot sei. Die Ereignisse um ihren Tod machten im Wohnblock die Runde. In der Nacht zuvor war sie mit ihrem Freund im Auto unterwegs gewesen und beide hatten einen Streit gehabt. Er war irgendwann so zornig, dass er sie einfach aus dem fahrenden Auto stieß, wodurch sie sich eine tödliche Schädelverletzung zuzog. Ich konnte es nicht fassen.

Wenige Tage später rief mich jemand an und fragte, ob ihre Beisetzung in unserer Gemeinde gefeiert werden könnte und ob ich bereit wäre, zu diesem Anlass zu predigen. Ich stimmte zu.

Am Tag der Beerdigung waren nur 20 Personen anwesend. In der ersten Reihe saß die Mutter und weinte hysterisch, während ich sprach. Nach dem Gottesdienst fragte sie mich, ob ich der Pastor des *Dream Center* sei. Als ich nickte, begann sie von Neuem zu weinen und meinte: „Meine Tochter hat mir von Ihnen erzählt. Sie hat mich angerufen und gesagt, jeden Sonnabend käme dieser nette

Mann von der Kirche. Er würde ihr so viel Hoffnung und Zuversicht geben."

Es gab mir einen Stich ins Herz, als sie mir in die Augen schaute und sagte: „Sie waren der einzige Lichtblick im Leben meiner Tochter." Kurz darauf nahm sie die Armbanduhr ihrer Tochter von ihrem Arm und sagte: „Ich möchte, dass Sie etwas Persönliches von meiner Tochter haben. Sie sind doch Teil unserer Familie." In all diesen Wochen hatte ich keinerlei Ahnung gehabt, wie wichtig meine regelmäßigen Besuche für diese junge Frau waren und wie viel Hoffnung ich ihr hatte geben können.

Wir müssen unseren Kindern in dieser materialistischen Gesellschaft mit auf den Weg geben, dass es viel wertvoller ist zu geben, als immer nur zu empfangen. Was wir an Reichtümern anhäufen, besitzen wir nur für kurze Zeit. Was wir aber in andere Menschen investieren, wird ein Leben lang Bedeutung haben.

Bei der Abschlussfeier einer Bibelschule war ich als Sprecher eingeladen. Am Ende meiner Ansprache kam ein Mann auf mich zu und fragte mich nach meinem Lebenstraum. Ich erzählte ihm von meiner Vision, eine Gemeinde zu bauen, die niemals schlafen würde. Ich fasste für ihn die Gedanken zusammen, die ich Ihnen in diesem Buch dargelegt habe. Dann fragte ich ihn: „Was ist denn Ihr Lebenstraum?" Er entgegnete mir, dass er sich eine Familie mit Kindern wünsche und eine Pastorenstelle in einem netten Städtchen. Diese Vision kam mir so langweilig vor. Es muss einfach mehr im Leben geben. Bitte verstehen Sie mich nicht falsch; gepflegte Vororte brauchen starke Gemeinden genauso dringend wie die sozialen Brennpunkte unserer Großstädte. Mein Problem war, dass ich in seinem Traum keine brennende Sehnsucht spüren konnte. Er wollte sich einfach niederlassen und ein zufriedenes Leben führen.

Jesus war die eindrucksvollste Persönlichkeit, die jemals auf der Erde lebte. Was würden wir von einer so großartigen Persönlichkeit erwarten? Genau das Gegenteil von dem, was Jesus getan hat. Darum lieben wir Jesus so sehr – weil wir uns mit ihm identifizieren können. Die Welt lehrt uns, dass wir uns zu hohen Positionen aufschwingen sollen. Jesus aber zeigt uns, dass sich wahre Größe in Demut zeigt. Der eigentliche Weg nach oben führt nach unten.

Die Welt lehrt uns, dass wir uns zu hohen Positionen aufschwingen sollen. Jesus aber zeigt uns, dass sich wahre Größe in Demut zeigt. Der eigentliche Weg nach oben führt nach unten.

Auf einer Flugreise saß ich einmal neben einer gepflegten Dame, die sich mir als Lehrerin in der jüdischen Synagoge vorstellte. Sie glaubte nicht an Jesus und seine Autorität. Wir sprachen lange über die Bibel. Ich sagte ihr, wie sehr ich die Torah liebe und dass ich seit meiner Kindheit in ihr unterrichtet worden sei. Ausführlich besprachen wir miteinander die Geschichten der Patriarchen.

Dann redeten wir über Jesus. Sie fragte mich: „Was ist es, das die Menschen so sehr an Jesus bewegt? Was ist so besonders an ihm?“ Ich erzählte ihr, wie Gott in der Person Jesu Mensch geworden war, wie er nicht mit der Macht von Armeen auftrumpfte, sondern den Menschen seiner Zeit schlicht und einfach die Liebe Gottes vorlebte. Er hätte sehr wohl die Macht gehabt, alle Herrschaft an sich zu reißen, aber stattdessen zeigte er seine tiefe Liebe, indem er für uns alle starb. Ob reich oder arm, Menschen auf der ganzen Welt können sich mit Jesus identifizieren, weil er demütig und voller Liebe ist und das Herz eines Dieners hat.

Sie sagte: „Ich kann mir Gott einfach nicht so vorstellen. In meiner Vorstellung kann er kein Diener sein.“ Aber genau das ist unser Gott. Er hat Jesus in diese Welt geschickt, um uns zu zeigen, wie wir unser Leben füreinander leben können. Er kam zu den Armen und Verwundeten und stand mit uns in der Ebene.

Wirklich allen mit Liebe begegnen

Die beiden 18-Jährigen, die unseren Essens-Lkw fahren, bringen jeden Tag Essen zu Hunderten von Familien. Es war nach einem jener langen, arbeitsreichen Tage. Als sie die Straße entlangfuhren, erblickten sie den schmutzigsten obdachlosen Mann, den man sich nur vorstellen kann. Seine Haare waren völlig verfilzt und mit Lagen von speckigem Schmutz bedeckt, seine Gesichtszüge konnte man vor lauter Dreck kaum ausmachen. Ganz offensichtlich hatte der Mann seit Monaten nicht mehr geduscht.

Die beiden jungen Frauen hielten an, nahmen den Mann mit und brachten ihn zur Gemeinde. Unsere Leute sind daran gewöhnt, Obdachlosen in jedem nur erdenklichen Zustand zu begegnen, aber er glich mehr einer Horrorfigur aus einem Film als einem Menschen. Die jungen Frauen nahmen ihn ohne Zögern mit in die Kirche, ließen ihn duschen und gaben ihm frische Kleider. Danach schnitten sie ihm die Haare. Sie machten sich einfach an die Arbeit und verpassten dem Mann, ohne großes Aufheben zu machen, ein menschenwürdiges Aussehen. Ich sagte ihnen: „Ihr arbeitet hier schon so lange, euch Mädels schreckt einfach nichts mehr!“

Wenn Sie eine Weile in der Ebene gewesen sind, fürchten Sie tatsächlich nichts mehr, sie lieben die Leute einfach.

Es wäre sicher keine schlechte Idee, wenn jeder Christ in unserem Land mindestens drei Stunden pro Woche bei Einsätzen in der Stadt mitarbeiten würde. Wenn Sie Ihrer Stadt dienen wollen, finden Sie heraus, was wirklich abläuft. Ob bei Reich oder Arm, finden Sie die Nöte heraus und füllen Sie sie aus.

Ich kenne inzwischen alle Ausreden, warum wir nicht hinaus auf die Straße gehen sollten, sei es in den Armutsvierteln der Stadt oder in den wohlhabenden Vorstädten. Man sagte uns, dass Tür-zu-Tür-Dienst in Los Angeles nicht funktioniert, weil die Leute so gleichgültig sind. Ich habe die Erfahrung gemacht, dass Liebe überall gleich wirkt, dass die Leute sie dringend brauchen und dass wir sie ihnen schulden. Lassen Sie uns vom Berg heruntersteigen. Lassen Sie uns nach jenseits der Kirchenmauern expandieren und in die Ebene gehen, wo die Arbeit auf uns wartet.

Kapitel 16

Das Schöne an unseren Träumen

Manchmal sind wir uns gar nicht bewusst, dass wir die Erfüllung unserer Träume schon erleben. Wir arbeiten so hart, um eine bestimmte Sache zu erreichen, dass wir nicht erkennen, wie weit wir schon gekommen sind. In unserem Bestreben, große Dinge für Gott zu tun, vergessen wir nur allzu leicht, hier und da Gedenksteine am Wegesrand aufzurichten, um Gott die Ehre zu geben für das, was er schon getan hat. Die Menschen in der Bibel deklarierten bestimmte Orte als heiligen Boden, an denen Gott selbst sich ihnen offenbart oder seine Herrlichkeit erwiesen hatte.

> „In unserem Bestreben, große Dinge für Gott zu tun, vergessen wir nur allzu leicht, hier und da Gedenksteine am Wegesrand aufzurichten, um Gott die Ehre zu geben für das, was er schon getan hat.

Wenn wir noch jung sind, ist es oft einer unserer tragischsten Fehler, dass wir Gottes Versorgung nicht erkennen. Wir sind so davon eingenommen, unser Ziel zu erreichen, dass wir uns der großen Bedeutung des Weges, der zum Ziel hinführt, womöglich gar nicht bewusst werden. In Wirklichkeit ist der Weg das Beste von allem.

Gott hat die Landkarte für den Weg

Meine Mutter und ich haben eine ganz besondere Beziehung zueinander. Viele Kinder haben mich immer ein „Muttersöhnchen“ genannt und da muss ich ihnen zustimmen. Jeden Abend, bevor ich schlafen ging, sprachen wir über das Leben, über Träume, über die Dinge, die Gott wohl für uns bereithält. Sie saß dann immer auf dem Rand meines Bettes und malte mir aus, was sie sich für meine Zukunft vorstellte.

Mehrmals in der Woche fuhren wir spät abends zu McDonald's und führten auf dem Weg oft intensive Gespräche miteinander. Diese Zeiten waren für mich etwas ganz Besonderes. Wir sprachen über alles Mögliche, Bedeutendes und Unbedeutendes. Diese Zeiten mit Mama gaben mir den Mut, schon früh über meine Träume zu sprechen. Zu meiner großen Überraschung ist tatsächlich jeder meiner Träume inzwischen Wirklichkeit geworden.

Das Schöne an unseren Träumen ist, dass Gott alles hört, worüber wir sprechen. Er nimmt Notiz von all den Dingen, die wir auf dem Herzen haben, und beginnt seinen Plan zur Erfüllung des Traumes in dem Augenblick, wo wir sie aussprechen, vorausgesetzt, unsere Motive sind rein. Wir reden oft von Dingen und vergessen sie einfach wieder. Nach Jahren stellen wir dann oft verblüfft fest, dass Gott sie in der Tat Wirklichkeit werden lässt. Schon oft habe ich als Pastor davon gesprochen, was ich gerne sehen würde, und die Sache dann für lange Zeit *ad acta* gelegt. Aber eines Tages hat Gott dann den Startschuss gegeben.

Gott bemerkt jedes reine Motiv und legt den Plan zur Erfüllung fest. Jeder der Dienste des *Dream Center* war einmal ein Traum in meinem Herzen und Gott hat die Dinge Wirklichkeit werden lassen. Ich bin nicht entmutigt, wenn ein Traum nicht gleich in Erfüllung geht. Wenn ich nicht aufgebe, wird Gott die Sache beizeiten geschehen lassen. Leider werfen nur zu viele das Handtuch, kurz bevor Gott die Erfüllung schenkt. Wenn ein Traum sich verzögert, heißt das nicht, dass Gott nicht dafür ist.

Viele Jahre lang hat mein Vater in Städten im ganzen Land gepredigt. In fast jeder großen Stadt betete er, dass Gott jemanden in diese Stadt schicken würde, um sein Werk zu tun. Über die Jahre hinweg hat Gott jedes dieser Gebete erhört. Die größte Bürde hatte mein Vater für Los Angeles. Als Teenager predigte er überall in Süd-Kalifornien und träumte davon, eines Tages eine Gemeinde in Los Angeles zu leiten. Er musste 45 Jahre lang warten, bis Gott diesen Traum Wirklichkeit werden ließ. Wir können nicht immer nach den schnellen Erfolgen gehen. Wir müssen Gottes Zeitpläne beachten und erkennen, dass er die Verwirklichung des Traums geschehen lässt, wenn wir unseren Teil tun und bereit sind, hart daran zu arbeiten und unser Bestes zu geben.

Unserem eigenen Willen absterben

Das *Dream Center* gründet gerade eine eigene medizinische Poliklinik. Es ist einer meiner größten Träume, einen Ort zu haben, an dem Menschen Tag für Tag kostenlos medizinische Hilfe bekommen können. Die städtischen Krankenhäuser sind überfüllt, und viele Leute in unserer Gegend sind illegale Einwanderer, die befürchten, dass sie abgeschoben werden, wenn sie medizinische Behandlung in Anspruch nehmen.

Wenn dieses Buch erscheint, wird ein Stockwerk unseres Gebäudes für medizinische Hilfsdienste zur Verfügung stehen. Ärzte kommen aus dem ganzen Land, um in unserer Poliklinik mitzuarbeiten. Seit fünf Jahren träume ich davon und heute steht dieser Traum vor der Verwirklichung.

Wenn ein Traum von Gott ist, dann müssen wir bereit sein, dafür zu sterben, das heißt, unserem eigenen Willen abzusterben, der den Dingen vorausgreifen möchte. Immer wieder habe ich versucht, meinen Träumen auf die Sprünge zu helfen, und bin dabei auf die Nase gefallen. Und dann wieder gab es Träume, die ich in meinem Herzen gehütet und bei denen ich gewartet habe, bis Gott sie zur rechten Zeit Wirklichkeit werden ließ. Hier liegt der Schlüssel: Es geht um den richtigen Zeitpunkt.

Das Wichtigste an einem Traum ist, dass wir ihn haben. Der ärmste Mensch auf der Welt ist nicht der, der keinen Pfennig hat, der Ärmste ist der, der ohne einen Traum lebt. Es ist besser, nur einen Pfennig in der Tasche zu haben, aber einen Traum, als alles Geld dieser Welt zu besitzen, aber keinen Traum zu haben. Ohne Träume hat unser Dasein keine Bedeutung.

Manche Leute, die im *Dream Center* als freiwillige Helfer mitarbeiten, haben einen sicheren Arbeitsplatz, Geld auf der Bank und ein schönes Haus. Eine Woche lang gehen sie unter die Brücken und bringen Essen zu Obdachlosen, helfen im Kinderdienst mit, arbeiten in der Küche mit – Tag für Tag. Am Ende der Woche danken sie mir dann oft mit Tränen in den Augen. Was ich für sie getan habe? Nichts! Ich habe sie hart schuften lassen. Sie sind einfach glücklich, weil sie die Grenzen ihres Horizonts sprengen konnten und etwas getan haben, was sie noch nie zuvor getan haben.

Der Weg zum Everest

Es gibt einen sehr bekannten Dokumentarfilm, der den Titel „Everest“ trägt. Es geht darin um drei Leute, die das schier Unmögliche versuchen: eine Besteigung des Mount Everest. Viele haben es versucht und dabei ihr Leben gelassen. Es gibt eine Reihe von Gefahren, die einen Bergsteiger dabei das Leben kosten können: Lawinen, Kälte, ein kleiner Fehltritt zur falschen Zeit. Eine Besteigung des Berges erfordert ein hohes Maß an Können und ein gutes Gespür. Man kann nicht einfach an jedem x-beliebigen Tag aufbrechen und hoffen, dass man am Gipfel ankommen wird. Wer das Ziel erreichen will, der muss die nötigen vorbereitenden Schritte unternehmen. Neben der Kondition und der Erfahrung ist das größte Hindernis die Luft, die nach oben hin immer dünner wird. Man kann nicht einfach losklettern. Man muss häufige Pausen einlegen, um sich an die neue Höhe zu gewöhnen. Von Zeit zu Zeit muss man ein Lager aufschlagen und ein paar Tage abwarten, in denen man nichts tut, bis der Körper sich an die neuen Bedingungen angepasst hat.

Für manche Leute ist es das Schwierigste, anzuhalten und ein Lager aufzuschlagen, wo sie doch das brennende Verlangen haben, weiter nach oben vorzudringen. Es fällt ihnen schwer, ein Auge dafür zu haben, wie weit sie schon gekommen sind, wenn alles, was sie sehen, der Ruhm ist, der vor ihnen liegt. Aber die Unterbrechungen müssen eingehalten werden, damit sie sich an die neue Höhe gewöhnen können, bevor sie dann später weitersteigen.

So ist es auch mit uns. Das Schwierigste an einem Traum ist die Zeit des Wartens. Wir haben den Gipfel, das Ziel, die Erfüllung vor Augen, und die Zeiten des Aufschubs strapazieren unsere Geduld. Aber diese Zeiten sind es, die darüber entscheiden, ob wir dem Ziel entgegenwachsen oder uns im Gipfelsturm das Genick brechen. Gott lässt uns warten, damit wir uns an neue Höhenlagen unserer Vision gewöhnen können.

Ich danke Gott, dass ich auf so manche Sache warten musste, sonst hätte ich nie und nimmer die Reife gehabt, um damit richtig umzugehen. Gott hat einen Traum nach dem anderen, jeden zu seiner Zeit, zur Erfüllung kommen lassen. Er hat mir aber auch die Zeit gegeben, als Person zu reifen, während ich den Träumen Stück für Stück näher kam. Ich habe auch heute noch Träume, die bislang unerfüllt geblieben sind, und muss hier dieselbe Geduld und Ausdauer aufbringen.

> Das Schwierigste an einem Traum
> ist die Zeit des Wartens. Wir haben den Gipfel,
> das Ziel, die Erfüllung vor Augen, und die Zeiten
> des Aufschubs strapazieren unsere Geduld.

Viele Menschen, die noch im Prozess der Wiederherstellung sind, sehnen sich danach, endlich ihr Leben im vollen Maße in Besitz zu nehmen. Sie wollen Verantwortung und Autorität, und zwar sofort. Wir versuchen ihnen klar zu machen, dass sie sich Zeit lassen sollen, weil sie noch nicht bereit sind. Wir wollen, dass sie den Berg in Etappen erklimmen.

Das Leben Jesu ist auch hier das beste Beispiel. Die letzten Tage im Leben Jesu waren die schwierigsten von allen. Das Kreuz, der Verrat des Petrus, die Agonie des Sterbens und die Erlösung der ganzen Welt – all das lag auf seinen Schultern. Er träumte davon, die Menschheit zu erretten, aber die schwersten Schritte waren die, die unmittelbar vor der Erfüllung dieses Traumes lagen.

Vielleicht legen Sie auf dem Weg zur Erfüllung Ihres Traumes einen rasanten Start hin. Aber dann, während Sie dem Ziel näher kommen, müssen Sie feststellen, dass einige der schwierigsten Schritte noch vor Ihnen liegen. Ich denke, wohl mit zum Schwierigsten im Leben gehört es, Dinge anzufangen und sie dann auch zum Ende zu bringen. Manchen Menschen fällt es schwer, sich überhaupt auf den Weg zu machen, anderen fällt es schwer, die Energie für den letzten Kraftakt aufzubringen, um das Ziel zu erreichen.

So manche Männer und Frauen Gottes sehen sich zum Ende ihres Lebens vor einem mageren Ergebnis. Entmutigung kam über sie, Sünde forderte ihren Tribut, sie verloren die Vision aus den Augen, und so kommt es schließlich nur für wenige zu einem glorreichen Ausgang. Menschen, die mit ihren legendären Taten in jungen Jahren Geschichte machten, verblassten oft zum Ende ihres Lebens.

Mein Vater ist einer jener Menschen, die fest entschlossen sind, bis zum Ende Erfolg zu haben. Mit 61 strahlen seine Augen voller Erwartung an die Zukunft, und in seinem siebten Lebensjahrzehnt ist sein Dienst in einer Weise expandiert wie zu keiner Zeit seines Lebens zuvor. Sein Einfluss nimmt zu und er ist heute so stark wie eh und je. Er hat mir immer eingeschärft: „Mein Sohn, man wird sich am Ende daran erinnern, wie du durchs Ziel gegangen bist – also gehe ehrenvoll durchs Ziel.“ Er hat zum letzten Sprung auf den Gipfel des Berges angesetzt und ist heute aktiver als je zuvor. Er genießt es eben mehr, auf dem Weg zu sein, als sich am Ziel einzurichten.

Unser gemeinsamer Traum

Das Ziel des *Dream Center* ist es, Menschen dabei zu unterstützen, ihre Träume zur Erfüllung zu bringen. Manche Leute hatten niemals einen Traum, und wir helfen ihnen dabei, ihn aufzuspüren. Andere hatten einmal einen Traum, haben aber ihr Leben vergeudet. Ihnen helfen wir dabei, wieder daran anzuknüpfen. Manche Leute brauchen einfach nur Ermutigung, an ihren Traum zu glauben und ihm auf der Spur zu bleiben.

Jeder, der im *Dream Center* mitarbeitet, ist Teil eines großen gemeinsamen Traums. Wir haben alle unsere eigenen Träume, aber wir verfolgen miteinander ein großes Ziel und träumen gemeinsam davon, es zu erreichen: Wir träumen davon, dass es einmal eine Gegend in Los Angeles gibt, wo alle Leute, die dort wohnen, gerettet sind. Wir träumen davon, dass es eine Gegend gibt, in der Kinder nachts über die Straße gehen können, ohne Angst haben zu müssen, dass sie erschossen werden. Wir träumen davon, dass eine Zeit kommt, in der unsere Gegend die sicherste in der ganzen Stadt ist. Wir träumen davon, dass Tag für Tag Tausende von der Gemeinde aus hinausgehen, um Menschen zu dienen und draußen Hoffnung verbreiten. Wir träumen davon, eine Stadt in Erweckung zu sein, so wie die, die in der Apostelgeschichte beschrieben ist. Wir wollen, dass Menschen in aller Welt sehen und erkennen, dass Gott jede Stadt verändern kann, wenn es nur Menschen gibt, die bereit sind, ihm radikal zu dienen. Wir sind keine perfekten Menschen, aber wir sind davon überzeugt, dass Gott die Arbeit unserer Hände und die Aufrichtigkeit unserer Herzen segnet.

Wäre es nicht wunderbar, wenn wir erleben könnten, dass die Gemeinden unseres Landes zu Zentren des Lebens und der Initiative für ihr Umfeld werden? So planen wir, in unserem Stadtteil ein Kino zu eröffnen, in dem unter der Woche Filme mit guten christlichen Inhalten für Eltern und Kinder gezeigt werden sollen. Für Jugendliche bieten wir an den Nachmittagen nach der Schule ein Sportprogramm an. Wir bieten Nachhilfekurse und Computerschulungen an. Wir haben sogar ein Geschäft für Brautmoden, in dem sich Leute aus unserer Nachbarschaft kostenlos Brautkleider und Smokings ausleihen können.

Wir haben genug Träume, um uns für den Rest unseres Lebens auf Trab zu halten. Aber macht uns das unruhig und ungeduldig? Nein, denn wir wissen, dass Gott unsere Wünsche schon gehört hat und dass er seinem Zeitplan gemäß daran arbeitet.

Wir wollen, dass Menschen in aller Welt sehen und erkennen, dass Gott jede Stadt verändern kann, wenn es nur Menschen gibt, die bereit sind, ihm radikal zu dienen.

Bereit sein

Einer der größten Basketballspieler aller Zeiten war wohl „Pistol“ Pete Maravich. Er war ein schlaksiger, unbeholfener Junge ohne irgendeine herausragende natürliche Begabung. Er war nie jemand, dem man ansah, dass er etwas Besonderes war. Pete wollte ein guter Basketballspieler werden, aber er war sich bewusst, dass seine Fähigkeiten begrenzt waren. So fasste er den Entschluss, richtig gut in etwas zu werden, das nur wenige wirklich können: im Dribbeln.

Als Teenager nahm Pete Maravich einen Basketball mit, wo immer er auch hinging. Wenn er der Beste werden wollte, dann blieb ihm wohl nichts anderes übrig, als zu lernen, wie man es am besten macht. Und er zog seinen Plan tatsächlich durch. Es schien fast so, als sei der Ball durch ein Gummi mit seiner Hand verbunden.

Maravich war so besessen davon, ein Profi-Basketballspieler zu werden, dass er bereit war, den Preis zu zahlen, und er verlor seinen Traum niemals aus dem Blickfeld. Als dann der Tag kam, war er vorbereitet.

Unsere Aufgabe ist es nicht, unser Geschick in der Hand zu haben. Unsere Aufgabe ist es, vorbereitet zu sein und in dem Bereich, in dem Gott uns berufen hat, unsere Möglichkeiten für ihn voll auszuschöpfen. Seine Aufgabe ist es, uns den Weg zu bereiten. Viele Menschen erleben die Erfüllung ihrer Träume deshalb nicht, weil sie nicht vorbereitet sind, und eben darauf wartet Gott, wie lange auch immer es dauern mag. Er wird uns nichts anvertrauen, das wir nicht bewältigen können.

Prüfungen auf dem Weg

Gott ist auf unserer Seite. Er ist für uns, nicht gegen uns. Wird er uns trotzdem auf dem Weg zur Erfüllung unserer Träume auf die Probe stellen? O ja, das wird er! Ich habe die Erfahrung gemacht, wann immer wir auch etwas Neues beginnen, die schwersten Prüfungen erwarten uns gleich im ersten Jahr.

Hören Sie auf damit, Satan als den Urheber dieser Prüfungen anzusehen. Gott lässt sie zu, damit unsere Kraft zunimmt und wir stärker sind, wenn wir in der Zukunft wiederum auf die Probe gestellt werden. Zuweilen wird Gott uns die schwierigsten Hindernisse gleich zu Anfang in den Weg stellen, damit offenbar wird, was in uns steckt. Immer, wenn wir eine Schwierigkeit bewältigt haben, gehen wir gestärkt daraus hervor und unser Glaube wächst daran. Je mehr Prüfungen Sie bewältigt haben, umso stärker wird Ihr Glaube und umso einfacher wird es Ihnen fallen, künftige Hindernisse zu überwinden.

König David wurde bereits als kleiner Junge gesalbt. Sie kennen vielleicht die Geschichte: Samuel kam, um aus der Familie Davids einen König zu erwählen. Aber keiner der Söhne war der, nach dem der Prophet suchte. Schließlich fragte er Jesse, ob er noch andere Söhne hätte. Jesse gab ihm zur Antwort, es gebe noch einen Sohn, aber der sei gerade auf der Weide bei den Schafen. Samuel sagte Jesse, er solle ihn herbringen lassen, und salbte ihn schließlich zum König. Ich bin sicher, dass David ziemlich überrascht war. Eben noch war er ein einfacher Hirtenjunge und nun war er auf einmal König.

Dennoch dauerte es Jahre, bis er die Autorität eines Königs bekam. David ging erst einmal wieder zurück an seine Arbeit als Hirtenjunge. Dies waren die wichtigsten Jahre seines Lebens. Er war bereits erwählt und eines Tages würde er eingesetzt werden. Der Traum stand ihm vor Augen, aber in der Zeit zwischen Erwählung und Einsetzung galt es, Treue zu beweisen.

Behalten Sie das Ziel im Auge so wie David, denn eines Tages werden Sie in Ihre Berufung eingesetzt. Lassen Sie nicht zu, dass irgendetwas dazwischenkommt. Halten Sie an Ihren Träumen und Überzeugungen fest und lassen Sie den Mut nicht sinken.

Nehmen Sie stattdessen die Wegstrecke dorthin dankbar an, und Sie werden sehen, dass Gott alle Ihre Träume und Herzenswünsche erfüllen wird: „Euch aber muss es zuerst um sein Reich und seine Gerechtigkeit gehen; dann wird euch alles andere dazugegeben“ (Mt 6,33; Einheitsübersetzung).

Kapitel 17

Ihre Herzenswünsche

Eines Abends arbeitete ich noch bis spät in die Nacht in der Kirche. Eine Frau aus der Gemeinde kam auf mich zu und sagte, sie mache sich Sorgen um mich. Ich sei doch eigentlich noch zu jung für eine solche Last. Ich bräuchte doch Zeit, um einfach meine Jugend zu genießen.

Ich dachte einen Moment lang darüber nach. Ich dachte an all meine Freunde zu Hause, die es sich gut gehen ließen, das Leben in vollen Zügen auskosteten, allen Komfort hatten und kaum äußerem Druck ausgesetzt waren. Einen Moment lang ging ich dem Gedanken nach, wie es wohl wäre, mit ihnen zu tauschen. Es war in der Tat einfacher als das, was ich tat.

„Ich finde, Sie sind eindeutig zu jung, um Pastor einer Gemeinde zu sein", wiederholte die Dame.

Fragen schossen mir durch den Sinn: *Bin ich zu jung? Bin ich dieser Aufgabe gewachsen? Vergeude ich nicht viele Jahre meines Lebens damit, einem Traum nachzujagen? Verbaue ich mir damit nicht ganz normale Beziehungen? Werde ich jemals meine Jugend genießen können?*

Es war nicht das erste Mal, dass ich über dieses Thema nachdachte. All die Jahre, als ich gerade 20 war, habe ich mich gefragt, ob ich nicht etwas verpasse. Manchmal war ich nicht weit davon entfernt, alles hinzuschmeißen, aber wenn man sich einmal auf Menschen eingelassen hat und Teil einer Gemeinschaft geworden ist, die einem etwas bedeutet, dann ist es schwer auszubrechen.

Prioritäten setzen

Es wird heute in der Kirche viel über Prioritäten gesprochen. Wir machen uns Listen und versuchen, Dinge in die richtige Reihenfolge zu bringen, je nachdem, ob sie uns mehr oder weniger wichtig sind: Gott an erster Stelle, an zweiter Stelle die Familie, an dritter unsere Arbeit, an vierter die Gemeinde und so weiter.

Bei mir ist es jedoch so, dass zwar Gott an erster Stelle steht, nicht minder steht aber auch die Familie an erster Stelle, und ebenso meine Arbeit und meine Zugehörigkeit zur Gemeinde. Die Bibel sagt: „Alles, was deine Hand zu tun findet, das tue, solange du es vermagst!" (Koh 9,10; Herder-Übersetzung). Alles sollte an erster Stelle stehen, und in allem, was wir tun, sollten wir unser Bestes geben. Wenn es Zeit für Ihre Arbeit ist, geben Sie Ihr Bestes. Wenn Sie sich Zeit für Ihre Familie nehmen, geben Sie Ihrer Familie das Beste, was Sie haben. Was immer Sie jetzt gerade tun – das sollte das Wichtigste in Ihrem Leben sein.

> Was immer Sie jetzt gerade tun –
> das sollte das Wichtigste in Ihrem Leben sein.

Mein Vater war oft auf Reisen. Schon als ich noch klein war, predigte er häufig auswärts, aber ich war ihm deshalb nie böse. Manche Pastorenkinder neigen dazu, ihren Vätern Vorwürfe zu machen, weil sie durch ihre Arbeit immer so ausgelastet sind, aber ich habe den Eindruck, dass die Kinder oft selbst Schuld daran sind. Sie halten ihren Vätern und Müttern vor, dass sie ihrer Rolle nicht gerecht geworden sind. Natürlich war mein Vater oft weg, aber immer, wenn er Zeit für mich hatte, war er mit seinem ganzen

Herzen da und machte etwas aus der Zeit, die wir miteinander verbrachten.

Mein Vater war ein viel beschäftigter Mann, aber ich akzeptierte die Tatsache, dass er einen Traum hatte, ein Ziel, das er erreichen wollte. Er wollte Einfluss auf den Lauf der Welt nehmen, und doch tat er alles, was in seiner Macht stand, um mir als Vater zu zeigen, dass er mich liebt. Ich habe meinen Vater nie dafür verachtet, dass er einem gottgegebenen Traum folgte. Mein Vater hat mich immer mehr geliebt als irgendein Vater seinen Sohn lieben kann, doch zugleich war seine Liebe zu Gott größer als seine Liebe zu mir – und das habe ich immer respektiert.

Die besten Jahre

Manchmal quält uns der Gedanke, worauf wir alles verzichten müssen, wenn wir dem Willen Gottes für unser Leben folgen. Eigentlich sollte es uns viel mehr beschäftigen, was wir verpassen könnten, wenn wir es nicht tun. Die Dinge, die wir aufgeben, wenn wir uns nach Gottes Plan richten, sind so viel unbedeutender im Vergleich zu dem, was wir dabei gewinnen. Er gibt uns mehr, als wir uns jemals träumen lassen können.

Um ehrlich zu sein, habe ich damals lange darüber nachgedacht, was jene Frau mir sagte: „Sie wollen tatsächlich die besten Jahre Ihres Lebens geben, um Pastor zu werden?“ Doch dann wurde mir Gott sei Dank bewusst, dass es Gott war, dem ich hier die besten Jahre meines Lebens gab. Wie gut, dass ich nicht erst mein ganzes Leben lang in die falsche Richtung gehen musste, bis ich mich schließlich entschied, ihm zu dienen. Ich kann ihm schon in meinen jungen Jahren dienen und ihm das Beste geben, das ich habe.

> Manchmal quält uns der Gedanke,
> worauf wir alles verzichten müssen,
> wenn wir dem Willen Gottes für unser Leben folgen.
> Eigentlich sollte es uns viel mehr beschäftigen,
> was wir verpassen könnten, wenn wir es nicht tun.

Bei Schauspielern und Spitzensportlern kommt es häufig vor, dass sie erst dann ihr Leben Gott anvertrauen, wenn sie alles verloren haben, ihr Einfluss zerronnen ist und ihr Name nirgends mehr erscheint. Es ist ja gut, dass sie sich Gott dann endlich zuwenden, aber oft sind ihre Hände leer und es ist nichts mehr da, was sie Gott zur Verfügung stellen können. Mir wird immer klarer, dass es die beste Entscheidung war, Gott in den besten Jahren meines Lebens alles zu geben.

Mir darüber bewusst zu werden hat mein Denken verändert. Ich stellte fest, dass ich alles gewinne, wenn ich Gott diene. Mit jedem Tag, an dem ich Gott diene, kann ich einen neuen Sieg auf dem Konto meines Lebens verbuchen. Schon mit 20 konnte ich in meiner Umwelt etwas Bedeutsames bewirken. Die Menschen unserer Generation sind zumeist sehr auf sich selbst bezogen. „Was wird aus mir? Was werde ich erreichen? Was bringt mich voran?" Mein Leben drehte sich nicht mehr um mich. Es drehte sich um uns – meinen Gott und mich, zusammen auf dem Weg, den er für mich hat. Aus diesem Grund ist mein Leben wirklich ein erfülltes Leben. Natürlich habe ich Zeiten der Prüfung erlebt, die viele Leute nie erleben werden. Mehr als einmal war mein Leben bedroht und ich habe mich oft einsam gefühlt. Aber rückblickend erkenne ich, dass die Schwierigkeiten, durch die ich gegangen bin, in keinem Verhältnis zu den Siegen stehen, die ich erleben durfte.

Wir Menschen sind für Schwierigkeiten gemacht. Wir sind nicht wirklich glücklich, wenn alles glatt geht. Wir brauchen es, uns durch etwas durchbeißen zu müssen. Wir treiben Sport. Man trainiert seinen Körper und hebt zentnerschwere Gewichte. Man stöhnt und stemmt, bis man das Gewicht nach oben gewuchtet hat. Das nennen wir Gewichtheben. Es macht zufrieden – zufrieden deshalb, weil man den Biss braucht, um sich zu überwinden.

Wenn Sie sich um Gottes Anliegen kümmern, dann wird er sich um Ihre Anliegen kümmern. All die vielen freiwilligen Helfer, die Tag für Tag in den Gemeindediensten auf der Straße mitarbeiten, bekommen kein Gehalt. Manchmal tun sie mir Leid, weil sie kein Geld haben und während ihres freiwilligen Jahres bei uns finanziell manchmal ganz schön rudern müssen. Ich weiß, dass dies ein Teil des Opfers ist, das sie bringen, aber ich fühle einfach mit ihnen.

Zwei Jahre lang habe auch ich als Pastor auf mein Gehalt verzichtet. Ich habe das ganz bewusst getan, um mich in das hineinversetzen zu können, was andere Leute durchmachen. Ich wollte einen Eindruck davon bekommen, was es heißt, im Glauben zu leben und Gott zu vertrauen. Während dieser Zeit kam eine Flutwelle von Segen. Das Opfer, das wir am Ende des Jahres immer einsammeln, fiel in diesen beiden Jahren höher aus als in den darauf folgenden Jahren, in denen ich wieder ein Gehalt bezog.

Die Liebe, die unser Gott für diese hingegebenen Kämpfer empfindet, ist nicht mit Worten zu beschreiben.

Ihr jungen Leute, verschwendet eure Zeit nicht damit, darüber nachzugrübeln, was ihr mit eurem Leben anfangen sollt, was aus euch wird und was ihr zuwege bringen werdet. Vertraut auf ihn und er wird alle eure Bedürfnisse erfüllen. Gott wird sich um jedes einzelne Anliegen kümmern, wenn ihr ihn an die erste Stelle setzt!

Die Traumfrau

Nun die Geschichte, die ich bereits zu Beginn des Buches angekündigt hatte. Als Pastor der *Los Angeles International Church* war es schwer für mich, Beziehungen zu Frauen aufzubauen. Alle Blicke sind auf mich, als leitenden Pastor, gerichtet, und jeder Schritt wird genau beäugt. In den ersten fünf Jahren hier waren die Möglichkeiten sehr beschränkt, und ich dachte manchmal, ich würde wohl nie Zeit haben, um eine Frau zu finden, mit der ich mein Leben teilen könnte.

Sie erinnern sich an die junge Frau, die Tausende von Leuten auf den Straßen von Los Angeles speist und die ich schon kurz vorgestellt habe. Sie heißt Caroline. Es war natürlich nicht nur ihre Arbeit für den Herrn, die mich beeindruckte. Ich war von ihr als Person fasziniert und wollte gerne einmal mit ihr ausgehen, um sie besser kennen zu lernen. Aber ehrlich gesagt, hatte ich große Angst, sie zu fragen.

Wir sprachen oft in meinem Büro zusammen über den Armenspeisungsdienst. Es war immer angenehm, sie um mich zu haben, und sie hatte immer viel Ermutigendes zu berichten. Doch es bot sich einfach sehr selten die Gelegenheit, einmal über etwas anderes zu sprechen. Eines Tages nahm ich meinen Mut zusammen und fragte sie, ob sie mit mir zusammen ausgehen wolle, und sie sagte zu.

Unser erster gemeinsamer Ausflug führte uns ins Disneyland. An jenem Abend wusste ich, dass Caroline die Frau für mich war. Ich konnte nicht schlafen, weil ich nur noch an sie dachte. In meinem Kopf drehte sich alles und meine Welt war mit einem Mal auf den Kopf gestellt. Die nächsten paar Monate waren wir befreundet und hatten viel Spaß miteinander.

Eines Abends gingen wir zusammen Rollschuh fahren. Es war ein Riesenspaß. Wir drehten gerade unsere letzte

Runde, da stieß sie mit einem Mann zusammen und fiel vornüber zu Boden. Sie war sofort ohnmächtig und bekam eine Riesenbeule. Nach wenigen Minuten war sie wieder bei Bewusstsein, aber sie war nicht in der Lage, einen sinnvollen Satz zu sprechen. Ich war sehr besorgt. Ich half ihr auf die Beine und stützte sie, als wir auf den Parkplatz hinausgingen. Mein Herz raste. Ich machte mir große Sorgen, dass etwas Ernstes mit ihr passiert sein könnte. Um sie bei Bewusstsein zu halten, stellte ich ihr alle möglichen Fragen, aber sie erkannte mich nicht und konnte sich nicht erinnern, was passiert war.

Ich war drauf und dran, mit ihr ins Krankenhaus zu fahren, da brach sie vor dem Auto zusammen. Mir wurde klar, dass sie nun sofort ärztliche Hilfe brauchte. Eine Frau, die uns beobachtet hatte, rief den Rettungswagen. Als die Sanitäter eintrafen, hatte ich Carolines Kopf auf meinen Schoß gebettet. Ich strich sanft über ihr blondes Haar und sprach mit ihr, damit sie nicht das Bewusstsein verlor.

Die Sanitäter überprüften ihren Puls, untersuchten ihren Kopf und stellten ihr einfache Fragen: „Wie heißen Sie? Wie alt sind Sie?“ Sie antwortete zwar auf die Fragen, war aber sehr verwirrt. Dann wandte sich der Sanitäter zu mir und deutete auf mich. „Wissen Sie, wer dieser Mann hier ist?“, fragte er sie. Da drehte sie unversehens ihren Kopf zu mir und antwortete: „Ja, das ist mein Traummann.“ Ein lautes „Ahh!“, entfuhr den beiden stämmigen, hartgesottenen Sanitätern. Ich schaute zu ihnen herüber und sagte erleichtert: „Ich glaube, es geht ihr doch ganz gut!“

Die Monate gingen ins Land, und ich war mir sicher, dass sie die Frau meiner Träume war. Sie war in Los Angeles aufgewachsen und hatte immer davon geträumt, einmal das Empire State Building in New York zu sehen. Bisher war sie immer nur in Kalifornien und Arizona gewesen. Wie es sich für Verliebte gehört, nahm ich natürlich Notiz von all den großen und kleinen Wünschen, die sie äußerte, und es war mir ein Bedürfnis, ihr, wo immer es ging, eine Freude zu machen und ihr zu zeigen, dass sie mir wichtig ist.

Für Juni hatte meine Familie einen Familienurlaub nach New York geplant. Es war der erste gemeinsame Urlaub in fünf Jahren und wir freuten uns alle sehr darauf. Aber ich wollte natürlich Caroline auch gerne dabeihaben. Mein Vater übertrug mir ein paar Vielflieger-Meilen, und ich fasste den Entschluss, Caroline mit der Reise zu überraschen. Ich rief meinen Freund Bill Wilson in New York an, und wir heckten einen Plan aus, um Caroline glauben zu machen, dass sie in der Gemeinde von Bill als Gastrednerin sprechen sollte. Er bereitete alles perfekt vor. Er schickte ihr einen hochoffiziellen Brief, in dem er sie bat, seinen Mitarbeitern von ihrer Arbeit zu berichten. Seine Sekretärin rief an und bestätigte die Einladung.

Caroline war begeistert über die Gelegenheit, nach New York zu fliegen und vor Bills Mitarbeitern zu sprechen und all die Sehenswürdigkeiten zu Gesicht zu bekommen. Ich sagte ihr, wie sehr ich mich für sie freute, aber ich konnte mir natürlich nur mit Mühe das Grinsen verkneifen. Es lief alles wie geplant und wir hüteten unser Geheimnis. Sie rief vorab alle möglichen Essensvergabestellen in New York an und bestellte mehr Nahrungsmittel, als sie es für gewöhnlich hier in Los Angeles tat.

Der Tag kam, an dem sie nach New York abflog. Ihr Flug ging morgens um 6.50 Uhr. Sie hatte nicht gemerkt, dass ich am selben Morgen um 5.20 Uhr ebenfalls abgeflogen war. Sie kam an und eine Mitarbeiterin der Gemeinde (die in unseren Plan eingeweiht war) nahm sie am Ausgang in Empfang. Sie erzählte ihr, dass sie ihr am Abend die Stadt zeigen wollte, bevor sie am nächsten Morgen an die Arbeit gehen würden.

Die Frau führte Caroline auf die Aussichtsplattform des Empire State Building und sie schaute einige Minuten lang über die herrliche Skyline von New York. Ganz unerwartet trat ich hinter sie und tippte ihr auf die Schulter. Sie drehte sich um und wäre beinahe in Ohnmacht gefallen. Ich hatte schon eine Stunde lang auf sie gewartet. Es schien mir so, als ob ich noch nie in meinem Leben so lange gewartet hätte.

Ich nahm sie bei der Hand und führte sie zu der Stelle, von der man die beste Aussicht über die Stadt hatte. Ich war ziemlich nervös, aber ich nahm all meinen ganzen Mut zusammen und sagte so laut, dass alle Umstehenden es hören konnten: „Darf ich um Ihre Aufmerksamkeit bitten?" Es standen viele Leute um uns herum und alle Augen waren auf mich gerichtet. Ich fuhr fort: „Ich möchte allen Anwesenden mitteilen, dass ich diese Frau hier mit jeder Faser meines Seins liebe und dass ich extra von Los Angeles hergeflogen bin, um ihr zu sagen, dass sie die Frau ist, mit der ich den Rest meines Lebens verbringen möchte." Ich ging auf die Knie, hielt ihr einen Ring hin und fragte: „Caroline, willst du meine Frau werden?" Sie antwortete: „Ja!" Alle Umstehenden brachen in Jubel aus, wir fielen uns in die Arme und standen so bestimmt eine halbe Ewigkeit.

An jenem Abend trafen wir uns mit meinen Eltern zum Essen im *Boathouse*-Restaurant im Central Park, um die Verlobung zu feiern. Wir verbrachten den Rest der Woche zusammen mit meiner Familie in New York.

Aber es geht noch weiter. Wir gingen die Madison Avenue hinunter, und meine Mutter, meine Schwester und Caroline schlugen vor, einen Abstecher in das berühmte Kaufhaus *Saks* auf der Fifth Avenue zu machen. Dort fanden sie das schönste Brautkleid, das sie jemals gesehen hatten. Caroline probierte es an und es war ihr Traumkleid. Das einzige Problem war, dass sie es sich nicht leisten konnte. *Zu schön, um wahr zu sein,* dachten wir. Doch mein Schwager, der uns begleitet hatte, ging später zum Laden zurück, kaufte das Brautkleid und schenkte es Caroline. In der Tat, es war einfach zu schön, um wahr zu sein.

Die ganze Woche war für uns alle wie ein Traum. Eine geschenkte Reise, eine Verlobung, ein Hochzeitskleid und wir Evangelisten aus dem Armen-Ghetto wurden aufs Feinste in New York verwöhnt.

Ein strahlende Zukunft im Willen Gottes

Caroline und ich sind nun seit einigen Monaten verheiratet. Wir freuen uns auf ein herrliches Leben miteinander. Wir lieben einander so sehr, wie sich zwei Menschen nur lieben können. Aber, was noch viel wichtiger ist, wir lieben Gott und alle die, die er liebt, die Armen und Verwundeten eingeschlossen. Ich habe mich immer gefragt, ob ich wohl eine Frau finden würde, die dasselbe Ziel hat. Und was für eine Frau und welch herrliche Aussichten für unsere Zukunft mir Gott gegeben hat!

Gott sorgt für sein Volk. Die Arbeit für ihn kostet uns etwas – Opferbereitschaft, Hingabe, Durchhaltevermögen und Leidensfähigkeit. Aber zugleich bringt sie uns die tiefste Befriedigung, die je ein Mensch erleben kann. Was können wir verlieren, wenn wir uns ihm ganz hingeben? Nichts! Was gewinnen wir, wenn wir uns ihm völlig hingeben? Alles! Haben Sie keine Angst, auf unbekanntes Terrain vorzustoßen. Haben Sie keine Angst, wenn sich Ihr Leben dadurch radikal verändert. Wir haben große Verheißungen, aber wir müssen Glauben aufbringen und unseren Blick auf die Verheißungen richten.

Das *Dream Center* geht im völligen Vertrauen auf Gott voran. Wir wachen jeden Morgen mit der Hoffnung auf, dass dieses Land eine Veränderung erfahren kann. Gott hat jeden Schrei unseres Herzens gehört und alle unsere Tränen abgewischt. Wie oft haben wir aus tiefstem Herzen zu ihm geschrien und dann erlebt, dass Gott uns erneut begegnet ist und wieder ein Wunder vollbracht hat.

Unsere Städte sind krank. Sie brauchen den liebevollen Einsatz von Menschen, die Gott ganz hingegeben sind und die sich nicht scheuen, mit ihren Leben für unser Land einzutreten. Sind Sie bereit, den Preis zu zahlen? Sind Sie bereit, einem Jungen die Tränen abzuwischen, der keinen Vater hat, oder einem Mädchen, das emotional und sexuell missbraucht wurde? Wollen Sie mithelfen, das Los Ihrer Stadt zu wenden, indem Sie einzelnen Menschen Liebe erweisen?

Wir leben in einer herrlichen Zeit, und wir konnten die Hand Gottes über einer der großen Städte der Welt erleben, über Los Angeles, der „Stadt der Engel". Wir wissen, dass es noch unendlich viel mehr zu tun gibt, aber Gott ist mit uns.

Wenn wir unser Leben hinlegen und uns bewusst werden, dass dies alles nicht unser Werk ist, sondern das Werk des Herrn, dann können wir uns in dem Bewusstsein entspannen, dass alles gut ausgehen wird. Machen wir uns Sorgen? Manchmal, aber es wird zusehends schwerer angesichts der Treue, die Gott uns in den letzten fünf Jahren beständig erwiesen hat. Es gibt keinen besseren und sichereren Ort für uns, als im Willen Gottes zu leben.

Wenn wir unser Leben hinlegen und uns bewusst
werden, dass dies alles nicht unser Werk ist,
sondern das Werk des Herrn,
dann können wir uns in dem Bewusstsein entspannen,
dass alles gut ausgehen wird.

Hier in den Ghettos der Innenstadt bin ich besser aufgehoben als in irgendeiner wohlhabenden Vorstadt, weil ich im Willen Gottes für mein Leben bin, dem einzigen Ort, an dem ich sein will. Gott hat mir bislang jeden Herzenswunsch erfüllt, weil ich auf seinen Herzenswunsch eingegangen bin – den Bedürftigen zu dienen und das Wohl der einfachen Leute zu suchen.

Viele fragen mich nach der Zukunft des *Dream Center* und nach unseren Plänen. Ganz ehrlich gesagt, weiß ich darauf keine Antwort. Ich werde einfach auch in Zukunft durch unsere Nachbarschaft gehen, mich den Nöten der Menschen stellen und nach Wegen suchen, um diese Nöte zu stillen. Wenn ich dann eine Lösung gefunden habe, stoße ich auf neue Nöte und finde wiederum neue Lösungen. Eines weiß ich ganz sicher: Keine Macht der Hölle kann mich hier aus den Ghettos der Innenstadt weglocken, weg von all den kostbaren Menschen, die mir so viel bedeuten.

Wir im *Dream Center* werden weiterhin für die Prostituierten da sein. Wir werden weiter auf der Straße sein und den Obdachlosen zeigen, dass es Hoffnung gibt. Wir werden auch künftig allein erziehenden Müttern vermitteln, dass Gott sie liebt und gute Pläne für ihr Leben hat. Wir werden auch in Zukunft das große Kreuz durch die Straßen von Hollywood tragen, um auf Jesus hinzuweisen. Ebenso werden wir nicht müde werden, mit Bussen in die Sozialwohnungs-Siedlungen zu fahren, um Kinder einzusammeln, damit sie für ein paar Stunden aus der Hölle herauskommen, die sie ihr Zuhause nennen. Das *Dream Center* bleibt oben auf dem Berg, Menschen werden verwandelt, und unsere Türen werden Tag und Nacht allen offen stehen, die Hoffnung brauchen.

Wir sind die Gemeinde, die niemals schläft.

Über den Autor

Matthew Barnett wuchs inmitten einer der dynamischsten Gemeinden Amerikas auf. Als Sohn des Hauptpastors konnte er täglich aus nächster Nähe erleben, wie es im Inneren einer Megagemeinde zugeht, der *Phoenix First Assembly of God.*

In seiner Jugend war er an allen möglichen Gemeindediensten beteiligt. Als Teenager leitete er eine Gruppe, die sich wöchentlich am Freitagabend in der Nähe des Campus der *Arizona State University* traf. Hier half er College-Studenten mit ihren persönlichen Schwierigkeiten und Lebensfragen.

Es ist typisch für Matthew Barnett, dass er seine erste Predigt schon im Alter von 16 Jahren auf der Straße im *Church on the Street*-Gottesdienst der Gemeinde hielt. Die Zuhörer waren sehr berührt, und mehrere Leute kamen an jenem Abend nach vorne, um für sich beten zu lassen.

Dies war der Ausgangspunkt für einen frühen Predigtdienst, der ihn schließlich durch ganz Amerika und sogar ins Ausland führte. Sein Herz schlug jedoch für die Ghettos der Innenstädte. Eines Tages ergab sich für ihn die Gelegenheit, zusammen mit seinem Vater, Tommy Barnett, einen Dienst unter den Armen inmitten von Los Angeles zu beginnen.

Heute arbeitet Matthew Barnett hauptamtlich im *Dream Center* und ist verantwortlicher Leiter der Gemeindedienste unter den Bedürftigen der Stadt. Dabei betreut er mehr als zehn ethnische Gruppen, die sich wöchentlich unter dem Dach des *Dream Center* treffen, sowie 180 Dienstzweige, die den Menschen der Armenviertel dienen.

Seine Fähigkeit, auf die unterschiedlichsten Menschen mit entwaffnender Liebenswürdigkeit zuzugehen, seine unerschöpfliche Energie und seine leidenschaftliche Hingabe im Dienst sind für zahllose Menschen zur Inspiration geworden.

Er predigt jede Woche in bis zu vier Gottesdiensten und ist verantwortlich für ein Heer von vollzeitlichen und ehrenamtlichen Mitarbeitern in einer Vielzahl von Diensten, bei denen die Gemeinde in vielen Bereichen auf eindrucksvolle Weise Pionierarbeit leistet.